KB166874

SPARKNOTES™

제일철학에 대한 성찰

Meditations on First Philosophy

르네 데카르트

다락원 | Spark Publishing

SPARKNOTES 020

제일철학에 대한 성찰

펴낸이 정규도
펴낸곳 (주)다락원

초판 1쇄 인쇄 2009년 4월 20일
초판 1쇄 발행 2009년 4월 27일

책임편집 안창열
디자인 정현석
번역 고광식
표지삽화 손창복

다락원 경기도 파주시 교하읍 문발리 509-1
내용문의: (031)955-7272(내선 400)
구입문의: (02)736-2031(내선 112~114)
Fax: (02)732-2037
출판등록 1977년 9월 16일 제300-1977-23호

Copyright ⓒ 2009, 다락원

출판사의 허락 없이 이 책의 일부 또는 전부를
무단 복제 · 전재 · 발췌할 수 없습니다.
잘못된 책은 바꿔 드립니다.

값 7,000원

ISBN   978-89-5995-185-7   43740

http://www.darakwon.co.kr
일이관지(一以貫之) 논술팀이 제시한 실전 연습문제 답안작성
논술가이드는 www.darakwon.co.kr에서 무료 제공합니다.

세계의 교양을 읽는다

고전을 왜 읽는가?

인간의 삶과 세상에 대한 영원한 물음이 있기 때문이다. 시대와 사상을 뛰어넘어 지금 여기 우리에게 필요한 물음이 없는 고전은 더 이상 고전이 아니다. 인간과 삶에 대한 근원적인 물음 없이 고전을 읽는다면 자신과 인간에 대한 성찰과 지혜로 이어지지 않는다. 논술 시험 때문에, 과제물 때문에, 아니면 남들이 읽으니까, 나도 읽는다는 식이라면 그 책은 죽은 책일 수밖에 없다.

고전을 살아 있는 책으로 만드는 이 '물음!'에 답하기 위해서는 좋은 길잡이가 필요하다. 오랜 기간 동안 미국의 고교생과 대학 주니어들이 시험, 에세이 작성, 심층토론 준비를 위해 바이블처럼 애용해온 'SPARKNOTES'와 'CliffsNotes'는 바로 그런 좋은 길잡이의 표본이다. 이 두 시리즈가 원조 논술연구모임인 '일이관지(一以貫之)' 팀의 촌철살인적 해설을 곁들여 논술로 고민중인 대한민국 학생 여러분을 찾아간다.

SPARKNOTES와 CliffsNotes의 가장 큰 장점은 방대하고 난해한 고전을 Chapter별로 요약하고 분석해서 원전의 내용에 보다 쉽고 체계적으로 접근하는 신속·간편성이라고 할 수 있다. 여기에 '一以貫之' 팀이 원전의 중요한 문제의식, 즉 근원적 '물음'은 무엇이며, 그 '물음'은 오늘날에도 여전히 유효한가, 라는 질문을 다시 던진다.

대입논술로 고민하고, 자칭 타칭의 고전이 넘쳐나는 오늘의 독서풍토에서 지적 정복이 긴박한 대한민국 학생들에게 감히 이 시리즈를 자신있게 권한다.

—以貫之 논술연구모임 연구실장 이호곤

차례

이 책의 구성

SPARKNOTES와 CliffsNotes는 방대하고 난해한 원작을 보다 쉽게 이해할 수 있도록 돕는 안내서입니다. 여기에는 원작 이해를 돕기 위해 매 장마다 '요점 정리(또는 줄거리)'와 '풀어보기'가 실려 있습니다. '요점 정리(또는 줄거리)'에는 원저의 내용을 일목요연하게 정리해 놓아 저자가 전달하려는 내용을 어렵지 않게 파악할 수 있습니다. '풀어보기'에서는 철학서의 경우, 원저에 담긴 저자의 사상이나 관련 철학, 시대 상황, 논점 등을, 문학 작품인 경우에는 원작에 담긴 문학적 경향, 등장인물의 심리상태, 주제 등을 설명해 놓았습니다. 분석적이고 비판적인 글읽기의 바탕이 되는 요소들이죠. 비소설이나 소설을 막론하고 분석적이고 비판적인 글읽기는 독자에게 꼭 필요한 자질입니다.

그밖에도 원저를 좀더 깊이 복습해서 제대로 소화할 수 있도록 돕기 위해 'Study Questions'와 'Review Quiz' 등을 마련해 놓았습니다.

* 〈   〉는 철학서, 장편소설, 중편소설, 수필집, 시집. "   "는 단편소설, 논문
* 작품명은 독자의 이해를 돕기 위해 예외적인 경우를 제외하고는 영어식으로 표기함.

○ 일이관지(一以貫之) 논술노트

권말에는 일이관지 논술팀에서 작성한 논술노트가 실려 있습니다. 원저를 우리의 삶과 연계시켜 비판적 사고와 논리적 글쓰기의 방향을 제시합니다.

○ 실전 연습문제

논술예제와 기출문제를 통해서는 원작을 바탕으로 출제 가능성이 높은 논점을 함께 숙고해 봅니다.

간추린 명저 노트

역사적 배경과 저자에 대하여

르네 데카르트 Rene Descartes(1596-1650)는 프랑스의 투르에서 태어나 예수회 학교에서 9년 동안 공부했다. 22세 때는 푸아티에 대학에서 법학을 공부했으며, 수학과 철학에 대한 열정을 품고 한동안 유럽을 여행하기도 했다. 1628년 이후에는 대부분의 생애를 네덜란드에서 보내며 철학, 물리학, 수학과 여타 과학 서적을 출간했다. 수학에서는 분석기하학과 그의 이름을 딴 좌표체계('데카르트 좌표')를 발명했고, 물리학에서도 몇 가지 의미 있는 저작을 준비했으나 갈릴레오 갈릴레이*가 태양중심설(지동설)을 주장하다가 종교재판소에서 유죄판결을 받았다는 사실을 알고는 출판을 포기했다. 근대 서양 철학의 출발점으로 간주되는 〈제일철학에 관한 성찰 *Meditations on First Philosophy*〉(이하 '성찰')은 1641년에 출간되었고, 당시에도 널리 읽혔으며 수많은 토론의 주제가 되기도 했다. 1649년, 스웨덴의 크리스티나 여왕으로부터 개인 교습 요청을 받고 그녀를 가르치게 된 데카르트는 새벽 5시 수업에 대

---

* **갈릴레오 갈릴레이**(Galileo Galilei. 1564-1642): 이탈리아 물리학자, 천문학자, 수학자. 프톨레마이오스의 천동설로는 설명되지 않는 우주의 질서를 발견하고 금기시되던 코페르니쿠스의 지동설을 받아들임. 주요 저서는 〈두 개의 세계 체계에 대한 대화〉 등.

한 정신적 압박과 스웨덴의 혹독한 추위 때문에 폐렴을 얻어 1년도 채우지 못하고 세상을 떠났다.

갈릴레오와 다른 학자들이 자연의 수학화라고 할 수 있는 새로운 물리학을 연구하고 있을 때, 데카르트는 글을 썼다. 그들은 우주의 운동과 변화의 과정들이 몇 가지 수학적 관계로 공식화된다는 사실을 알기 시작했고, 그것을 통해 우주가 아주 단순한 극소수의 추상적인 수학 법칙들에 의해 지배된다는 것을 깨닫게 되었다. 〈성찰〉에서 전개된 형이상학은 당시에 진전되고 있던 새로운 물리학의 토대로 사용하기 위한 것이었다. 데카르트는 이성에 근거하고 수학적 경향이 있는 자신의 형이상학이 자신만의 물리 법칙들을 전개하는 데 필요한 모든 근거를 제공하리라고 생각했다.

데카르트가 글을 쓰고 있을 당시에는 아리스토텔레스*로부터 물려받은 가톨릭 철학이 맹위를 떨치고 있었다. 데카르트 자신이 예수교의 전통 속에서 성장했으며, 〈성찰〉도 여러 면에서 성 이그나티우스 데 로욜라**의 〈영성 수련 Spiritual Exercises〉과 닮아 있다. 두 책 모두 엿새 동안의

---

* **아리스토텔레스**(Aristotle, 384-322 B.C.): 고대 그리스 철학자. 플라톤의 제자. 인간이 감각할 수 있는 세계를 중시하고, 이것을 지배하는 원인들을 인식하고자 하는 현실주의 입장을 취했다. 주요 저서는 〈니코마코스 윤리학〉 등.

** **성 이그나티우스 데 로욜라**(St. Ignatius de Loyola, 1491-1556): 스페인 출신 수도사. 1540년 파리에서 가톨릭 수도회인 예수회를 창립했다. 1622년 교황 그레고리우스 15세에 의해 시성됨. 주요 저서는 〈영성 수련〉.

성찰 형태로 구성되어 있는 것. 또한 데카르트는 일시적 정죄(淨罪. 회의적인 의심), 계몽(자아와 신의 현존에 대한 증명), 결합(이 지식을 물질적 세계에 연결하는 것)이라는 로욜라의 3단계와 방식을 모방하고 매우 아리스토텔레스적인 관점으로 〈성찰〉을 시작함으로써 당시의 보수사상가들이 자신의 추론선을 따라오도록 만들고 싶어했다. 갈릴레오의 운명을 목격한 데카르트가 조심스러워한 것은 당연한 일인데, 이런 방식 덕분에 대부분이 예수교도인 독자들에게 훨씬 더 쉽게 다가갈 수도 있었다.

성찰자는 자신이 이전에 참된 것이라고 간주한 문제들에 관해 종종 오류를 범했었다는 사실을 반추하면서, 모든 선입견을 버리고 자신의 지식을 최초의 토대부터 다시 쌓아올려 절대적으로 확실한 주장들만을 참된 것으로 받아들이겠다고 결심한다. 그가 지금까지 참된 것이라고 간주했던 모든 것은 감각을 통해 받아들인 것이다. 그러나 감각이 종종 '나'를 속인다는 사실을 경험하고 있는 그는 방법론적 회의 과정을 통해 감각을 전적으로 신뢰하지 않기로 한다. 매순간 그가 꿈을 꾸고 있을 수 있거나 그의 감각들이 신이나 사악한 악마에 의해 기만당할 수 있기 때문에 모든 것에 대해 '나'의 감각을 믿을 수 없다고 결론짓는 것이다.

그러나 그는 궁극적으로는 '나의' 존재를 의심할 수는 없다는 것을 깨닫는다. 의심하거나 생각하기 위해서는 의심하고 있거나 생각하고 있는 누군가가 현존해야 하기 때문이다. 따라서 비록 다른 것들에 대해서는 속을 수 있을지 몰라도 '나'는 현존하고 있다고 결론짓지 않을 수 없다. '나의' 현존이 '내'가 생각하고 있다는 사실에서 추론되기 때문에 최소한 '나'는 생각하는 것이란 사실을 알고 있다는 결론에 이르는 것. 게다가 '나'는 지성을 이용해서 이 사실을 알게 되고, 정신이 신체보다 훨씬 더 쉽고 명증하게 인식된다고 추론한다.

　자신의 현존에 대한 성찰자의 확신은 명석판명한 지각을 통해 생겨난다. 성찰자는 이처럼 확실한 방법으로 자신이 알 수도 있는 그 밖의 것들을 생각해 보지만, 명석판명한 지각이 의심의 여지가 없다고 확신하려면 먼저 신이 현존하며 '나'를 기만하지 않는다는 확신을 가져야 한다. 그는 '나의' 정신 속에 있는 신에 대한 관념은 '나'에 의해 창조될 수 없다고 추론한다. 왜냐하면, 신은 '나'보다 훨씬 완벽하기 때문이다. 신처럼 완벽한 존재만이 그토록 완벽한 관념을 일으킬 수 있을 것이다. 그 결과 신이 현존한다는 결론에 도달하고, 신은 완벽하기 때문에 모든 것에 대해 '나'를 기만하지 않을 것이다. 오류는 '내'가 기만당해서 생기는 것이 아니라 한계를 가진 지성이 명석판명하게 이해할 수 없는 문제에 대해 의지가 종종 판단을 내리기 때문이다.

　'나의' 명석판명한 지각이 신에 의해 보장된다는 것을 확신하는 성찰자는 물질적인 사물을 연구해서 물체의 본질적 속성은 연장이고, 제1성질은 크기, 형태, 넓이 등이라는 것을 명석판명하게 지각한다. 그리고 물체는 본질적으로 연장되는 반면, 신은 본질적으로 존재한다는 사실로부터 신의 현존에 대한 두 번째 증거를 끌어낸다. 현존하지 않는 신이란 연장되지 않는 물체처럼 생각할 수조차 없다.

신체의 본질은 연장이고 정신의 본질은 사유이므로 신체와 정신은 완전히 구별되는 것이다. 그는 물질적인 사물의 제1성질들은 명석판명하게 지각할 수 있다. 그러나 제2성질들에 대해서는 애매모호하게만 지각할 수 있는데, 그 이유는 감각의 용도가 그를 진리로 인도하는 것이 아니라 세상을 잘 살아가도록 돕는 것이기 때문이다.

등장 인물

● **성찰자** | 〈성찰〉의 발언자로 중립적인 성이다. 〈성찰〉에 표현된 의견은 의심의 여지없이 데카르트의 것이지만, 그가 판명하고 조심스럽게 선택된 목소리를 통해 성찰적인 형태로 글을 쓰고 있다는 것은 의미심장하다.(문체와 화법이 예수교 창시자인 이그나티우스 데 로욜라의 〈영성 수련〉 모방) 〈성찰〉을 통해 독자를 인도하는 목소리인 만큼 데카르트의 목소리는 아닌 셈이다.

〈성찰〉이 근대 서양 철학의 출발점으로 널리 간주되는 데는 그만한 이유가 있다. 데카르트는 이 짧은 글에서 아리스토텔레스의 많은 학설을 뒤엎고 오늘날 철학에서도 여전히 논의되는 수많은 질문들을 만들어낸다. 그 중에서도 모든 지식은 개연적이고 감각 경험에 바탕을 두고 있다는 아리스토텔레스의 개념을 전복시킴으로써 정신, 물질, 관념, 그리고 그 밖에 많은 것들에 대해 완전히 새로운 개념을 전개한다.

우리는 데카르트가 전개하는 철학적 사고방식이 제1성찰에서 채용하는 회의주의에 의해 표시되고 정의된다고 이해해도 좋다. 그는 먼저 자신이 어떻게 어떤 것에 대해 확신할 수 있는지를 묻고, 이어서 왜 자신의 감각들을 불신해야 하는지에 대해 온갖 창의적이고 이상한 이유들을 갖다 댄다. 그 이후로 철학은 지식에 대한 끊임없는 회의가 특징이었고, 우리가 어떤 것에 대해 어떻게 확실히 알 수 있게 되느냐란 문제를 놓고 많은 논의를 펼쳐왔다.

또한 회의론은 인간 정신의 개념을 정의하게 되는 정신-신체 문제도 가르쳐준다. 데카르트는 감각과 상상력도 정신 능력이라는 정신의 개념을 발전시킨다. 게다가 우리는 본질적으로 우리의 정신을 명석판명하게 알 수 있는 생각하는 사물이지만 우리의 신체를 이해하려면 훨씬 더 열심히 노력해야 한다고 주장한다. 가장 중요한 사실은 그가 정신과 신체를 매우 명확히 구별한다는 점이다. 정신은 본질적으로 생각하는 것이고, 신체는 본질적으로 연장된 것이기 때문에 전혀 공통적인 부분이 없다는 것이다. 그 이후로 철학자들은 어떻게 정신과 신체가 서로 작용하고 관계를 맺을 수 있는지를 이해하려고 노력했다.

회의론과 정신-신체 이원론이 결합되면서 정신은 신체 안에 자물쇠가 채워진 채 넣어져 세상과 분리된 것으로 이해하게 되었다. 이런 정신이 어떻게 세상에 대해 무엇인가를 알 수 있게 되는지는 수수께끼이고, 이 지식에 대한 확실성은 매우 의문스럽다. 이 같은 정신 개념은 우리에게는 매우 자연스러운 것이기 때문에 데카르트 이전 세계가 지식과 감각적 지각에 대해 훨씬 회의적이지 않은 견해를 가지고 있었다는 점을 때때로 이해하기가 어렵다.

데카르트는 아리스토텔레스나 존 로크*의 경험주의에 대립되는 합리주의 진영에 확고히 자리를 잡는다. 지성의

---

* **존 로크**(John Locke, 1632-1704): 영국의 초기 계몽철학자이자 경험철학의 원조. 평등하게 태어난 자연 상태의 인간은 모두 생명·자유·재산에 대해 천부적 권리를 보장받아야 하며, 자연 상태가 안고 있는 분쟁의 소지를 극복하고 이들 권리를 향유하기 위해 스스로 동의한 계약을 통해 자연 상태에서 시민사회로 전환된다고 주장했다. 주요 저서는 〈인간오성론〉, 〈통치론〉 등.

명석판명한 지각이 지식을 확보하는 유일하고 확실한 수단이라고 끊임없이 단언하고, 궁극적으로 감각들은 우리에게 지식을 주기 위해 설계된 것이 아니라 오히려 매우 실질적인 방식으로 우리가 세상을 살아가도록 도와주는 쪽이라고 결론짓는 것이다.

우리는 정신-신체 이원론과 근대 회의론의 발전에서 데카르트가 차지하는 엄청난 중요성과 영향력을 추적할 수 있는 반면, 그는 수많은 또 다른 논란의 씨앗도 제공했다. 데카르트 순환, 밀랍 논거, 관념, 신체, 지각에 관한 그의 이론들은 모두 중요한 토론의 대상이다. 그렇지만 신의 현존에 대한 증거는 독창적이지도 않고 성공적이지도 않다. 데카르트가 매력적인 연구 주제가 되고 있는 이유는 근대적인 세계관이 그가 서술한 내용에서 솟아오르고 있기 때문이다.

Meditation별 정리 노트

First Meditation
회의적 의심

"의심할 수 있는 것들 What can be called into doubt"
이란 부제가 붙은 제1성찰은 성찰자가 그동안 참된 것이라
고 간주했던 수많은 거짓된 것들과 그것들을 토대로 쌓아
올린 지식이 얼마나 의심스러운 것인지를 숙고하면서 시작
된다. '나'는 '내'가 알고 있다고 생각하는 모든 것을 철저
하게 뒤엎고, 더 확실한 근거에 기반해서 최초의 토대로부
터 다시 시작해야 한다는 것을 깨닫고는 때를 기다렸다. 그
러던 어느 날, '나'는 모든 근심에서 벗어나 화롯가에서 평
온한 휴식을 취하다가 '나의' 이전 의견들을 전복시킬 기회
를 갖게 된다.

'나'의 지식에 대한 더 확고한 근거들을 찾기 위해 '나
의' 모든 의견들을 의심케 하는 몇 가지 이유를 찾을 필요
가 있다고 생각한 성찰자는 '나의' 모든 의견을 개별적으로
의심하기보다는 만약 그것들의 토대인 원리 자체를 무너트

리면 그 위에 세워진 것들도 저절로 무너질 것이라고 추론한다.

'나'는 아주 참된 것이라고 간주했던 모든 것을 감각으로부터 혹은 감각을 통해 배웠다. 그러나 감각이 아주 작은 것이나 멀리 떨어진 것에 대해서는 종종 우리를 속이지만, 도저히 의심할 수 없는 것도 많다. 미치광이는 더 많이 기만당할 수 있지만 '나'는 명백히 미치광이가 아니기 때문에 그런 걱정은 하지 않아도 된다.

그러나 성찰자는 '내'가 꿈속에서 실재 대상을 감각하고 있다고 속은 적이 한두 번이 아니라는 사실을 놓고 곰곰이 생각한다. 옷을 벗고 침대에 누워 잠자면서도 외투를 걸치고 불 옆에 앉아 있는 것이라고 생각한 적도 여러 번 있지 않았던가. 꿈과 생시를 확실하게 구별해 줄 징표가 없다는 사실에 깜짝 놀란 그는 지금 꿈을 꾸고 있다고 가정하고 자기 논리를 펼친다. 비록 꿈일지라도 눈앞에 보이는 것은 일종의 상(像)과 같은 것으로 참된 것을 본떠서만 그려질 수 있기 때문에 적어도 일반적인 것—눈, 머리, 몸통 등—만은 공상이 아니라 현존하는 것이라고 인정해야 한다면서, 심지어 꿈속의 상들도 그림과 흡사하게 깨어 있는 경험을 토대로 그려진다고 암시한다. 화가가 인어 같은 상상의 동물을 그린다고 해도 그 구성 요소들은 실재 사물—여성과 물고기—에서 끌어온 것이고, 완전히 허구적인 어떤 것을 창조할 때도 최소한 그 색채는 실재 경험으로부터 가져온다는 것. 따라서 비록 합성된 사물들은 의심할 수 있지만, 사물의 형태, 양, 크기, 시간 등과 같이 그 합성된 사물의 구성요소인 단순하고 보편적인 부분은 실제로 존재한다고 인정해야 한다. 그 결과, 의학, 천문학, 물리학과 같이 복합적인 것을 고찰하는 학문들은 의심스러운 반면, 수학과 기하학처럼 자연 속에서 그 존재 여부를 문제 삼지 않는 단순하고 일반적인 것을 다루는 학문은 의심할 수 없는 확실성을 갖고 있다.

그러나 사람은 2 + 3처럼 쉬운 일을 할 때도 오류를 범할 수 있다. 전지전능한 신은 심지어 수학 개념조차 거짓으로 만들 수 있다. 혹자는 신은 아주 선하기 때문에 이런 모든 사물들을 거짓되게 믿도록 인도하지는 않을 것이라고 주장할지 모른다. 이렇게 추론하면, 신은 어떤 것에 관해서도 우리를 기만하지 않을 것이라고 생각해야겠지만, 우리가 가끔 잘못을 범하는 것을 보면 분명히 그렇지도 않다. 이처럼 모든 것이 불확실하다고 믿을 바에는 차라리 신의 현존을 부정하려는 사람들도 많겠지만, 만약 신이 존재하지 않는다면 기만당할 가능성은 훨씬 커진다. 우리의 불완전한 감각들이 완전한 존재에 의해 창조되지 않았을 것이기 때문이다.

성찰자는 아무리 노력해도 '나의' 타성화된 의견들을

머리 밖으로 몰아내는 일이 거의 불가능하다는 것을 알게 된다. 그래서 조금 의심스러운 의견이라도 부정하기보다는 믿어버리는 비뚤어진 습관에서 벗어나기 위해 정반대로 그처럼 타성화된 의견을 완전히 거짓되고 공상적인 것으로 가정하고, 그 양극단의 의견들이 균형을 이루면 그때부터는 판단이 그런 습관에 지배되지 않도록 하겠다고 생각한다. 그리고는 진리의 원천인 전능한 신이 아니라 교활한 악마가 '나'를 속이려 하고 있으며, 하늘, 땅, 공기, 색깔, 소리 등의 외적인 것은 악마가 사용하는 꿈의 환상에 불과하고, '나의' 감관들도 없지만 갖고 있다고 잘못 생각하는 것이라고 가정한다. 이렇게 모든 것을 의심하면, 참된 것을 인식할 수는 없을지라도 최소한 악마에게 기만당하지 않도록 조심하는 일은 확실히 할 수 있다는 판단인 것.

풀어보기

　제1성찰은 보통 두 가지 방법 가운데 하나로 접근된다. 첫째, 이어지는 성찰들에 대한 근거를 설정하는 것으로 해석될 수 있으며, 의심은 아리스토텔레스 철학을 반대하는 강력한 도구로 사용된다. 둘째, 근대 회의론의 근간으로서 고유한 위치를 차지하는 것으로 해석될 수 있다. 우리는 차례로 이런 보완적인 해석을 간단히 논할 것이다.

데카르트는 〈성찰〉을 그의 새로운 물리학에 대한 형이상학적 근거를 제공하는 것으로 간주했다. 갈릴레오처럼 아리스토텔레스에 의해 서양 전통에 주입된 2,000년 묵은 편견을 전복하고자 했던 것. 데카르트 시대의 아리스토텔레스식 사고는 모든 지식이 감각에서 온다고 암시하는 감각의 증거에 커다란 무게를 두었다. 아주 확실한 지식은 모두 감각에서 온다는 성찰자의 암시는 〈성찰〉을 곧 접하게 될 아리스토텔레스 철학자들에게 직접 호소하기 위한 미끼다. 제1성찰 뒤에 숨겨진 의도는 아리스토텔레스 철학자들이 동의할 입장에서 논의를 출발한 연후에 교묘하게 그 입장으로부터 멀어지도록 부추기려는 것이다. 데카르트는 자신의 생각들이 얼마나 파격적인지를 알기 때문에 몸을 사리기 위해서는 당시의 정통적인 견해에 대해 입 발린 소리를 하지 않으면 안 되는 것이다.

제1성찰을 아리스토텔레스 철학자들을 꾀어 그들의 관습적 의견으로부터 멀어지게 하기 위한 노력이라고 해석하면, 우리는 의심의 다양한 단계로 이끄는 다양한 해석을 읽을 수 있다. 예를 들어, 데카르트가 비록 깨어 있는 경험이 존재하지만 결코 어느 순간이 꿈이고 어느 순간이 생시인지를 모른다거나, 아니면 자기의 전 생애는 하나의 꿈이고 깨어 있는 세계는 존재하지 않는다는 점을 암시하기 위해 '꿈 논거'를 의도한 것인지에 대해서는 약간의 논란이 있다. 만약 데카르트가 전자를 암시하는 것으로 해석한다면, 꿈 논거와 '교활한 악마 논거'(우리가 알고 있는 것은 모두 거짓이므로 감각을 전혀 믿을 수 없다고 암시)를 확연히 구분해서 설명할 수 있다. 그리고 후자로 해석한다면, 감각이 언제나 전부 믿을 만한 것은 아니라는 점만을 암시한다. 꿈 논거는 아리스토텔레스 인식론에 의문을 제기하는 반면, 교활한 악마 논거는 그 인식론을 모두 뒤엎어버린다. 꿈 논거에서 이끌어내는 '화가의 유추'는 수학을 비롯해서 순전히 이성에 호소하는 학문들이 천문학이나 물리학보다 훨씬 확실하다는 결론을 내려주는데, 감각에 대한 아리스토텔레스식 믿음에서 벗어나 데카르트의 합리주의로 나아가는 중요한 발걸음이다.

〈성찰〉은 로욜라의 〈영성 수련〉을 본떴다고 볼 수 있다. 예수교 수련의 첫 걸음은 물질적이고 죄 많은 세상에 대한 집착을 끊는 일이다. 제1성찰에서 데카르트는 비록 목적은 달라도 우리가 유사한 청산 과정을 경험하도록 이끌고 있다. 그가 하고 싶은 일은 아리스토텔레스 독자들을 설득해서 편견으로부터 벗어나게 하고, 아리스토텔레스 철학자들이 그토록 크게 의지하는 감각으로부터 정신을 떼어내는 것이다. 그리고 그 이후에는 아주 확실한 지식은 감각의 도움을 받지 않는 정신으로부터 온다고 주장하는데, 결국에는 이러한 근본적인 의심 과정이 나머지 다섯 성찰에서 구축할 긍정적 주장에 담긴 모든 의심을 제거해 주기를 바라고 있다. 〈성찰〉을 더 넓은 맥락에서 해석하면, 이러한 회의적 의심들은 고분고분하지 않은 독자들이 그가 구축하고자 하는 형이상학에 대해 마음의 준비를 갖추도록 하기 위한 수단인 것이다.

제1성찰을 그 자체로만 해석하면, 회의적 의심을 당연한 연구 주제로 제시하는 것처럼 여길 수도 있다. 회의론은 오늘날에도 철학에서 논의가 많고 논란이 아주 분분한 주제인 것은 분명하다. 데카르트는 우리가 어떻게 우리 주위의 세상에 대해 무엇인가를 확실하게 안다고 주장하는가, 라는 불가해한 질문을 최초로 제기했던 인물이다. 그의 생각인즉슨 이런 의심들이 개연성이 있다는 것이 아니라 의심 가능성이 결코 완벽히 제거될 수 없다는 것이다. 그리고 만약 우리가 결코 확신할 수 없다면 어떻게 무엇인가를 안다고 주장할 수 있겠는가? 회의론은 서양 철학의 핵심적인 의도와 세상에 대한 우리의 지식과 이해에 확실한 토대를 제공하려는 그 시도를 곧바로 파고들며, 심지어 합리성의 개념에 대한 도전으로까지 해석될 수 있다.

어느 누구도 회의론적으로 살아가지 않지만, 즉 어느 누구도 다른 사람들이 정말 존재하는지에 대해 실제로 의심하지 않지만, 회의론의 퇴출을 정당화하기는 매우 어렵다. 데카르트 이후의 서양 철학은 대부분 이 문제를 극복하기 위한 노력이 그 특징이자 동기였다. 특히 흥미로운 대답은 데이비드 흄*, 임마누엘 칸트**, 루드비히 비트겐슈타인***에게서 찾아볼 수 있다.

우리는 데카르트의 의심이 방법론적이고 합리적인 의심이라는 점에 주목해야 한다. 즉 성찰자는 무턱대고 모든 것을 의심하지 않고 각 단계에서 자신의 의심에 대해 확고한 이유를 제시하고 있다. 예를 들면, 그는 자신이 미칠 수도 있다는 가능성을 거부한다. 그것을 인정하면, 그의 의심에 동기를 부여하는 합리성을 약화시킬 것이기 때문이다. 데카르트는 합리적인 틀 속에서 이 의심을 제기하려고 노력한다. 그의 논거를 진전시키기 위해서는 합리성을 붙들고 있어야 하는 것.

---

* **데이비드 흄**(David Hume. 1711-76): 영국 철학자, 경제학자, 역사가. 회의주의자로 분류되지만, 인간의 인식 능력 밖에 있는 대상에 대해서만 회의주의적 태도를 취했다. 존 로크, 조지 버클리 같은 경험주의자들로부터 커다란 영향을 받았으며, 토머스 홉스의 계약설을 비판하고 공리주의를 지향했다. 주요 저서는 〈인성론〉 등.

** **임마누엘 칸트**(Immanuel Kant. 1724-1804): 독일 철학자. 데카르트의 합리주의(도리·이성·논리가 일체를 지배한다고 보고, 비합리와 우연적인 것을 배척)와 베이컨의 경험주의(관찰과 실험을 중시)를 종합해 비판철학을 탄생시켰다. 주요 저서는 〈순수이성 비판〉, 〈실천이성 비판〉, 〈판단력 비판〉 등.

*** **루드비히 비트겐슈타인**(Ludwig Wittgenstein. 1889-1951): 오스트리아 출신 영국 철학자. 철학이란 해결할 수 없는 문제에 대한 논의가 아니라 낱말들의 사용을 기술하는 것이므로 언어를 명료하게 쓸 수 있다면 인간 세계의 인식을 둘러싼 모호한 문제들이 해소된다고 주장했다. 주요 저서는 〈논리철학 논고〉 등.

Second Meditation(1)

cogito ergo sum and *sum res cogitans*
("나는 생각하고 있다. 고로 나는 존재한다"와 "생각하는
사물이 존재한다")

"인간 정신의 본질, 그리고 어떻게 정신이 물체보다 더
쉽게 인식되는가 The nature of the human mind, and how
it is better known than the body"란 부제가 붙은 제2성찰
은 제1성찰의 다음날 이루어진다. 성찰자는 조금이라도 의
심스러운 것은 모두 명백히 거짓된 것으로 간주하고, 최소
한 확실한 것은 없다는 사실만이라도 확실히 인식할 때까지
연구를 계속하기로 결심한다. 그리고는 '(긴 지렛대와) 지렛
목*만 있으면 지구라도 움직일 수 있다'는 아르키메데스**의

---

* **지렛목**: 지레를 괴는 고정된 점(點).

** **아르키메데스**(Archimedes, 287-212 B.C.): 그리스 수학자, 물리학자. 아르키메데스의
원리를 발견했으며, 지렛대를 이용한 투석기와 기중기 등을 발명했다. 주요 저서는 〈평
면의 균형에 대하여〉 등.

유명한 말을 상기하면서, 만약 '나'도 확실하고 흔들이지 않는 최소한의 것만이라도 발견한다면 큰일을 도모할 수 있겠다는 희망을 갖는다. 그는 제1성찰을 떠올리면서, '내'가 보는 것은 모두 거짓이고, 기억이 '나'에게 나타내는 것은 결코 현존한 적이 없으며, '나'는 감각이나 신체도 갖고 있지 않고, 물체, 형태, 연장, 운동, 장소도 환영이라고 가정한다. 그가 보기에 참된 것이라고는 확실한 것은 존재하지 않는다는 사실뿐인 듯하다.

그렇다면, 이런 성찰의 근원인 "나는 적어도 그 어떤 것은 아닐까?" "나는 감각과 신체가 있다는 것을 부정했지만, 그것이 내가 존재할 수 없다는 의미일까?" "하늘, 땅, 정신, 물체가 존재하지 않는다는 것은 '나의' 부존재를 암시하는 것은 아닐까? 그러나 이런 의심을 가지려면 '나'는 존재해야 한다. 그리고 사악한 악마가 모든 교활한 방법으로 '나'를 속이고 있다면, 속임을 당하기 위한 '내'가 존재해야 한다. 그 결과, 의심할 수 있고 기만당할 수 있는 '나'는 확실히 존재하는 것이다. 그러한 숙고를 통해 유명한 *cogito* 논거가 만들어진다. "이렇게 모든 것을 아주 철저하게 검토한 결과, '나는 있다, 나는 존재한다(I am, I exist.)'는 명제는 내가 주장하거나 마음속에 품을 때마다 반드시 참이란 결론에 이르게 된다."

성찰자의 다음 의문은 존재하는 '나'는 무엇이냐는 것

이다. 이전에 이런 의문이 생길 때마다 그의 마음속에 떠오른 것이 첫째는 '나'는 신체를 가졌다는 것, 둘째는 '나'는 영양을 섭취하고, 걷고, 감각하고, 생각한다는 것이었으며, 이런 활동을 영혼과 연관시켰다. 이 속성들은 모두 의문을 불러일으키지만, 예외적으로 '나'와 분리될 수 없고 확실한 것이 하나 있다. 바로 '생각한다는 것'. '나'는 위에 언급된 다른 속성은 갖고 있지 않더라도 존재할 수 있지만, 생각하지 않는다면 존재할 수 없다. 더 나아가 '나'는 생각하고 있는 동안만 존재한다. 따라서 그 무엇보다 사유는 존재와 분리될 수 없다. 엄격한 의미에서 성찰자 자신은 '생각하고 있는 것'에 불과하다는 결론.

· 풀어보기

cogito 논거는 〈방법서설 *Discourse on Method*〉에 나오는 라틴어 "*cogito ergo sum*(나는 생각하고 있다. 고로 나는 존재한다.)" 때문에 붙여진 명칭이다. 이 말은 데카르트 철학을 관통하는 가장 유명한 표현에 속하고, 널리 근대 서양 철학의 출발점으로 간주된다. 제1성찰에서 근본적 회의를 가정했던 성찰자는 이 말 속에서 처음으로 확실성을 움켜쥔다. *cogito*는 세계와 지식의 그림을 제시하고, 그 속에서 정신은 다른 무엇을 알 수 있는 것보다 스스로를 더

잘 알 수 있는 어떤 것이다. 우리가 무엇보다 먼저 정신을 알게 된다는 관념은 그 후 서양 철학에서 최면술 같은 영향력을 갖게 되었고, 어떻게 정신이 실체와 연결될 수 있는가의 문제는 주요 관심사가 되었다. 이 개념 속에서는 정신이 우리를 도와 세상을 알게 해주는 어떤 것이 되기를 멈추고 우리를 가두는 어떤 것이 된다.

그러나 우리는 〈방법서설〉의 "나는 생각하고 있다. 고로 존재한다"와 〈성찰〉의 "모든 것을 아주 철저하게 검토한 결과, '나는 있다, 나는 존재한다(I am, I exist.)'란 명제는 내가 주장하거나 마음속에 품을 때마다 반드시 참이란 결론에 이르게 된다"는 표현의 구별에 주목해야 한다. '고로'와 '나는 생각하고 있다'는 표현이 〈성찰〉에는 없다. '고로'의 부재는 'cogito'를 삼단논법, 즉 3단계 논거로 해석하지 못하게 만들기 때문에 중요하다.

(1) 생각하는 모든 것은 존재한다.
(2) 나는 생각하고 있다.
고로 (3) 나는 존재한다.

데카르트가 다른 글에서 명시적으로 부정하는 삼단논법식 해석의 문제점은 성찰자가 가정했던 의심에서 (1)이 제외되어야 하는 이유를 알려주지 않는다는 것이다. 그리고 심지어는 사리에 맞는 추론들조차 성찰자에게는 의심받을 수 있는 어떤 지점에서 'cogito'를 사리에 맞는 추론으로 해석한다.

그러나 만약 모든 것이 의심받아야 한다면, 어떻게 성찰자가 'cogito'를 알 수 있을까? 그동안 이 단계를 이해시키기 위해 수많은 해석이 나왔다. 그 하나는 'cogito'를 추론이 아닌 직관, 즉 섬광처럼 한순간에 다가오는 무엇으로 해석하는 것이다. 다시 말해, 만약 내가 존재하지 않거나 생각하지 않는다면 '나'는 "나는 존재한다"고 말할 수 없고, 바로 그 말하는 행위가 그것을 참으로 만들어준다는 것이다. 결과적으로 '나'는 (다른 사람이 아닌) '나의' 존재를 단언할 수 있을 뿐이고, 그것도 현재시제로만 가능하다. 따라서 "나는 생각했다. 고로 나는 존재했다/존재한다"고는 말할 수 없다.

'cogito'는 사유에만 효력이 있다는 사실에 주목하자. "나는 걷는다. 고로 나는 존재한다"라고는 말할 수 없는 것이다. 내가 걷고 있다는 것을 내가 의심할 수 있기 때문이다. 내가 생각하고 있다는 것을 의심할 수 없는 까닭은 의심 자체가 사유의 한 형태이기 때문이다.

'cogito'에 이어 성찰자는 '나는 생각하고 있는 것'이라는 주장을 개진하는데, 이 논거는 라틴어로는 'sum res cogitans'(나는 엄격한 의미에서… 생각하고 있는 것(thing)

으로서만 존재한다.)이다. 이 주장에 대해서는 세 가지 논란이 존재한다. 첫째, 이 주장은 형이상학적인가 인식론적인가? 둘째, '것'의 의미는 무엇인가? 셋째, '생각하고 있는'의 의미는 무엇인가?

'sum res cogitans'를 인식론적인 말로 해석하는 쪽이 더 그럴 듯하다. 이 경우에는 "내가 다른 어떤 것이 되든, 나는 오직 내가 생각하고 있는 것이라는 사실만 알고 있다"는 의미가 된다. 그러나 데카르트는 어느 글에선가 이것을 형이상학적 언급이라고 해석해도 무리가 아니게끔 쓰고 있다. 이 경우의 의미는 "나는 오직 생각하고 있는 것일 뿐이다"가 된다. 그의 추론인즉슨 아마 이럴 것이다. "나는 내가 생각하고 있는 것이라는 사실은 알고 있고, 내가 신체적인 것인지 아닌지는 모른다. 나의 신체와 나의 정신은 똑같은 것이 될 수 없다. 그 이유는 내가 둘 다를 알거나 둘 다를 몰라야 하기 때문이다. 나는 내가 생각하고 있는 것이고 나의 신체와 나의 정신이 분리된 것들이라는 사실을 알고 있으므로 내가 신체적인 것이 아니라고 결론지을 수 있다. 따라서 나는 오직 생각하고 있는 것일 뿐이다." 그러나 이렇게 주장함으로써 데카르트는 논거를 사람이 알지 못하는 것에 근거시키는 소위 '의도적 오류'를 범하는 셈이 된다. 만약 두 가지 사물이 똑같은 것이 되기 위해 둘 다 알려지거나 둘 다 알려지지 않아야 한다면, 우리는 브루스 웨인

(Bruce Wayne)과 배트맨(Batman)도 똑같은 인물이 아니라고 주장해야 할 것이다.

　'생각하고 있는 것'도 상당히 모호한 개념을 담고 있다. 데카르트는 '것'을 단순히 오늘날 우리가 정확히 표현하고 싶지 않을 때 얼버무리듯 사용하는 단어처럼 쓸 수도 있다. 그러나 데카르트 존재론의 근본적이고 불가분적인 요소인 실체를 의미하기 위한 표현이란 해석에 더 힘이 실린다. 이 존재론에는 연장된 것들(물체들)과 생각하고 있는 것들(정신들)이 존재하며, 데카르트는 우리를 물체라기보다는 정신이라고 단언하고 있다. 당연히 '생각하고 있는'도 아주 문젯거리다. 데카르트는 아리스토텔레스의 정신 개념의 특성인 지적 작용과 이해력(오성)만을 의미하고 있는가? 아니면 감각적 지각, 상상력, 의지 등도 포함시키는가? 제2성찰의 서두에서 성찰자는 감각적 지각 등을 의심해야 한다면서도 끝부분에서는 감각하고, 상상하고, 의욕하고, 등을 정신의 속성에 포함시키고 있다.(Second Meditation(2) '풀어보기' 참고)

Second Meditation(2)
밀랍(蜜蠟) 논거

:요점정리

　성찰자는 '나'와 '생각하고 있는 것'이 무엇인지를 정확히 밝히기 위해 노력하고, '나'는 생각하고, 이해하고, 긍정하고, 부정하고, 의욕하고, 상상하고, 감각하는 어떤 것이라는 결론을 내린다. 어쨌든 '나'는 꿈을 꾸거나 교활한 악마에게 기만당하고 있더라도 상상하는 힘 자체는 실제로 현존하면서 사유의 한 부분을 형성하며, 소리를 듣고, 빛을 보고, 열을 느끼고 있다는 점은 확실한 듯하다. 그의 감각적 지각은 거짓일 수가 없고 사유와 똑같은 정신의 일부라는 것이다.

　그런 후에 성찰자는 어떻게 '나'를 알게 되는가, 라는 의문으로 옮겨간다. 이미 보았듯이 감각들은 믿을 수 없고, 상상력 역시 믿을 수 없기는 마찬가지다. 상상력은 실재하지 않는 모든 종류의 사물에 대한 관념을 만들어낼 수 있기 때문에 '나의' 본질을 알게 해주는 인도자가 될 수 없다는 것이다. 여전히 그는 혼란스럽다. 만약, 그의 결론처럼 '나는 생각하고 있는 것'이라면, '나의' 신체에 대해 그토록 판명하게 이해하고 있으면서도 어째서 생각하고 있는 이 '나'라는 것을 밝히는 데 그렇게 힘든 시간을 보내고 있을까? 그는 이런 어려움을 이해하기 위해 벌집에서 막 따온 밀랍조각을 놓고 고찰한다. 우리는 그것을 감각에 의해 알게 되는가, 아니면 어떤 다른 수단을 통해 알게 되는가?

먼저 그는 감각으로 밀랍조각에 대해 알 수 있는 것을 고찰한다. 맛, 냄새, 색깔, 형태, 크기, 딱딱함 등. 그렇다면 밀랍조각이 불 옆에 가서 녹으면 어떤 일이 벌어지는가? 감각될 수 있는 모든 성질들이 변하면서 이전에 딱딱했던 것이 부드러워졌지만 여전히 밀랍은 남아 있다. 그런데 딱딱한 밀랍조각과 녹은 밀랍조각이 똑같은 것이라는 우리의 지식은 감각에 의해 포착될 수 있는 것이 아니다. 왜냐하면, 감각될 수 있는 모든 성질이 변했기 때문이다.

성찰자는 이 고찰을 통해 밀랍에 남아 있는 것은 연장성, 유연성, 가변성뿐이라고 결론짓는다. 이 사실은 감각으로 알게 되는 것이 아니며, 상상력으로도 밀랍이 무엇인지를 알 수 없다. 즉 밀랍은 무한하게 다른 형태로 변할 수 있기 때문에 상상력으로 이 모든 형태를 꿰뚫어볼 수 없으며, 오직 정신에 의해서만 지각된다. 밀랍에 대한 그의 정신적 지각은 그가 감각들과 상상력에 의해 인도되도록 했을 때처럼 불완전하고 애매할 수도 있고, 오직 주의 깊은 정신적 정사(精査)만을 밀랍에 대한 지각에 적용할 때처럼 명석판명할 수도 있다.

성찰자는 '나의' 정신이 일상적인 언어에 사로잡혀 때때로 속아 넘어가기 때문에 쉽게 오류에 빠지곤 한다는 사실에 깜짝 놀란다. 어쨌든 우리는 밀랍이 눈앞에 있으면 '밀랍을 보고 있다'고 말하지, 색깔이나 모양 때문에 밀랍이 있다는 것을 판단한다고 말하지 않는다. 마찬가지로 우리가 거리를 걸어가는 사람들을 볼 때도 실제로 보이는 것은 모자와 옷인데도 그 속에 자동기계가 아닌 사람이 있다고 판단한다. 어떤 사물을 눈으로만 보고 있으면서도 정신 속에 내재되어 있는 판단 능력을 통해 파악한다고 잘못 생각하게 되는 것이다.

성찰자는 '나의' 처음 충동과는 반대로 정신이 물체보다 훨씬 더 명증하게 인식되고 있다고 결론짓는다. 게다가 다른 사물들보다 '나의' 정신을 훨씬 판명하게 인식하고 있는 것이 틀림없다고 암시한다. 어쨌든 스스로 인정했듯 그가 지각하고 있는 것은 밀랍이 아닐 수도 있다. 꿈이나 환상일 수도 있다는 것. 그러나 그가 밀랍을 보고 있는 동안이나 보고 있다고 생각하는 동안—그는 둘을 구별하지 않고 있음—에는 그가 지각하고 있다는 사실이나 그가 지각하고 있는 것이 밀랍이라고 판단한다는 사실은 의심할 수 없으며, 이런 생각을 하고 있다는 것은 그가 현존한다는 의미가 된다. 우리가 우리 외부의 다른 모든 것에 대해 생각할지도 모르는 것이 모두 참일 수는 없겠지만, 우리 자신의 존재를 확실하게 확인시켜주고 우리 정신의 본성을 더 잘 알게 해주는 것은 분명하다.

결론인즉슨, 그는 적어도 '나는 존재한다', '나는 생각하고 있는 것', '나의 정신이 물체보다 훨씬 더 명증하게 인식된다', '모든 명석판명한 지각은 감각이나 상상력이 아니라 지성에 의해서만 얻어진다'는 사실을 알 수 있다는 것이다.

풀어보기

'요점정리'의 첫 번째 단락은 제2성찰의 아홉 번째 단락에 대한 설명이다. 우리는 이 순간을 '근대 정신의 발명일'이라고 간주할 수도 있다. 아리스토텔레스의 정신 개념은 지적 작용과 오성을 죽음 이후에도 살아남아 있는 영혼의 속성으로 분리한다. 아리스토텔레스에 의하면, 감각하고, 상상하고, 의욕하고, 등은 모두 감각적 세계와 연관되어 있고, 따라서 구분되는 것들이다. 데카르트의 정신 개념에서는 정신과 세계가 명백히 구분되며, 꿈속이나 육체로부터 분리된 정신 속에서 벌어질 수 있는 모든 활동들—느끼고, 상상하고, 등—은 정신 활동으로 간주되고 오직 정신 속에만 존재한다. 따라서 나무 혹은 빛의 파동처럼 세계 속에 있는 사물들과 정신 속에 있는 사물들은 전혀 별개이기 때문에 이들이 어떻게 연결되는지를 결정하는 것이 근대 철학의 주요 관심사가 되고 있다. 예를 들어, 나의 시각과 내가 보는 세계 속의 사물들 사이에는 어떤 연관성이 있는 것처럼 보이지만, 시각은 정신의 일부이고 내가 보는 사물들은 세계의 일부이기 때문에 그 연관성이 무엇인지를 결정하기는 매우 어렵다. 정신을 이런 식으로 이해하는 것은 오늘날 우리에게는 직관적으로 여겨질 수 있겠지만, 그 같은 이해와 그것에서 생겨난 정신 이론들의 시조는 데카르트이다. 그리고 비트겐슈타인, 윌리엄 제임스*, J. L. 오스틴** 같은 철학자들이 데카르트의 정신과 세계 사이의 명확한 구분에 대해 의문을 갖게 된 것은 겨우 20세기 들어서였다.

데카르트는 '밀랍 논거'에 집중된 제2성찰의 나머지 부분에서는 우리가 감각보다는 오성을 통해 사물들을 알게 되고 다른 어떤 것보다 정신을 더 잘 인식하고 있다는 것을

---

* **윌리엄 제임스**(William James, 1842-1910): 미국 심리학자, 철학자. 어떤 것을 실제로 해보는 실행이 쌓여 관행이 되고, 그 관행은 관습과 관점에 따른 상대적 차이를 인정할 수밖에 없어 관용을 가져온다는 프래그머티즘 철학의 확립자. 사고나 의식이란 어느 한 곳에 머무르는 것이 아니라 자신의 의지에 따라 선택적으로 지향되는 끊임없는 변화의 흐름이며 매우 능동적인 경험의 연속이라고 주장했다. 주요 저서는 〈심리학의 원리〉 등.

** **J. L. 오스틴**(John. L. Austin, 1911-60): 영국 철학자. 언어의 본질과 기능, 언어와 사상, 언어와 사물의 관계 등, 즉 '말을 어떻게 쓰느냐'의 문제를 분석하는 언어 철학과 분석 철학의 거장. 주요 저서는 〈말과 행위〉 등.

결정적으로 보여주고 싶어한다. 그의 논거는 고체인 밀랍이 액화하는 변화 과정에 초점을 맞춘다. 감각은 우리에게 세상에 대한 사물들을 서술해 주는 것 같다. 그래서 데카르트는 고체인 밀랍에 대해 우리가 아는 것은 감각을 통해 이루어진다는 사실을 인정한다. 마찬가지로 감각은 우리에게 녹은 밀랍에 대한 정보도 줄 수 있지만 액체 밀랍과 고체 밀랍이 똑같은 것이란 사실은 말해 주지 못한다. 당연히 상상력도 그럴 수 없다. 오직 지성만이 우리가 지각한 것을 짜맞추고 이해할 수 있다. 감각은 오직 연관성 없이 뒤죽박죽 섞인 정보를 지각하고, 그것을 이해하도록 도와주는 쪽은 지성이다.

이 논거는 모든 지식이 감각으로부터 온다는 아리스토텔레스의 지식 이론에 반대하는 또 다른 움직임이다. 데카르트는 감각이 우리에게 세상에 대한 정보를 준다고 인정하면서도 조직화되지 않은 정보만 줄 수 있다고 단언한다. 지성이 없으면 지각한 것을 이해할 수 없다는 것. 지식이 감각에 근거한다는 이론을 주장한 아리스토텔레스나 로크 같은 경험주의자들과 비교할 때, 데카르트는 스스로 확고하게 합리주의 진영에 위치한다.

데카르트의 다음 움직임은 좀더 의문스럽다. '나'는 '내'가 지각하는 것이 실재라는 것을 확실하게 알 수 없다.(제1성찰의 의심에 의해) 그러나 사유의 한 형태로서의 감각적 지각은 '나'는 존재한다('나'는 정신)는 것을 확인시켜준다. '내'가 지각할 때마다 '나'는 생각하고 있으며, 생각하면서 '나'는 *cogito*를 행하고 있는 것이다. 모든 지각은 '나의' 정신의 존재를 확인시켜주지만, 세계의 존재에 대해서는 의심스런 증거를 줄 뿐이다. 따라서 정신이 물체보다 더 잘 인식된다는 것이 데카르트의 결론이다.

　이 논거는 만약 정신의 존재가 물체의 존재보다 더 잘 인식된다는 의미로 한 것이라면 그럴 듯하지만, 정작 그는 정신의 본성이 물체의 본성보다 더 잘 인식된다는 말을 하고 싶은 것 같다. 즉 '나'는 정신이 존재한다는 것을 알고 있을 뿐만 아니라, '나'는 정신 밖의 세계보다 정신에 대해 더 많이 알고 있다는 말을 하고 싶은 것이다. 이 논거는 만약 모든 생각, 지각, 상상력 등이 '나'에게 정신에 대해 새로운 무엇인가를 말했을 경우에만 유효할 것이다. 그러나 *cogito*에 따르면, 이 모든 사유는 '나'에게 오직 똑같은 것, 즉 '나'는 존재하고 있다. 그리고 '나'는 생각하고 있는 것이다, 라는 점만 말해 준다. 그런데 데카르트는 정확히 각각의 새로운 사유가 물체보다 정신을 더 잘 인식하게 해주는 것이 무엇인지와 그 수단에 대해서는 우리가 바라는 만큼 명확히 표현하고 있지 않다.

Third Meditation(1)
명석판명한 지각과 데카르트의 관념 이론

'신의 현존 The existence of God'이란 부제가 붙은 제3성찰은 성찰자가 지금까지 확인했던 것을 검토하면서 시작된다. 그는 여전히 물질적 사물의 존재를 의심하고 있으면서도 '나'는 존재한다, 그리고 '나'는 의심하고, 이해하고, 의욕하고, 상상하고, 감각하는 등의 생각하고 있는 것이라고 확신한다.

'나'는 생각하고 있는 것이고, 이 사실을 명석판명하게 지각하는 것은 확실하다. 만약 '내'가 명석판명하게 지각한 것이 거짓인 경우가 한 번이라도 있게 된다면, 그런 지각으로는 사물의 진리를 제대로 확신할 수 없을 터. 따라서 '내'가 명석판명하게 지각하는 것은 모두 참된 것이라고 간주하기로 한다.

이전에는 '내'가 확실한 것이라고 간주했지만 나중에 의심스러워진 것이 많다. 하늘과 땅을 비롯한 이것들은 모두 감각을 통해 알게 된 것이다. 그런데 그때 지각한 것은 사물이 아니라 '나의' 정신에 나타난 그 사물들의 관념이나 사유에 불과했다. 심지어 지금도 '나'는 물질적 대상들의 관념을 지각하고, 지각의 힘을 통해 이 관념들로부터 사물들 자체에 대한 정보를 얻을 수 있을 것이라고 추론하는 잘못을 저지른다. '나'는 산술적인 것과 기하학에 대해서는 매우 확신하고 있는 것처럼 보이지만, 신이 기만할지도 모르기 때문에 절대적으로 확신할 수는 없다. 따라서 그 어떤 것에 대해서든 완전한 확신을 갖기 위해서는 가능한 한 빨리 신이 존재하는지, 존재한다면 기만자일 수 있는지부터 고찰해야 한다.

그러나 그 전에 성찰자는 먼저 '나의' 생각을 몇 종류로 분류하고, 그 가운데 어떤 것에 본래적인 진리와 거짓이 있는지 살펴본다. 하나는 본래적인 관념이라고 명명될 수 있는 '예를 들어, 내가 사람, 키메라, 하늘, 천사, 신 같은 것을 생각할 때 나타나는 사물들의 상'이다. 다른 하나는 사유의 대상으로서 어떤 것을 인지하고 있지만 그 사물과 유사하지 않은 또 다른 것을 인지하게 되는 소위 의지, 정념, 판단이다.

성찰자는 관념이나 의지 혹은 정념은 참이기 때문에 이것들에 관해서는 오류에 빠질 수 없다고 생각한다. 따라서 오류를 저지를 수 있는 것은 판단뿐이다. 가장 흔한 판단 오류는 정신 속에 있는 관념들이 외부에 있는 사물들과 일치하거나 유사하다고 판단할 때 일어난다. 관념들을 사유의 양태로만 고찰하고 정신 밖의 어떤 것과 연관시키지 않는다면, 의심에서 벗어날 수 있다.

그가 생각하기에 관념에는 본유적인 것, 우리의 감각적 지각처럼 우리 밖의 어떤 사물로부터 유래하는 외래적인 것, 그리고 인어나 유니콘의 관념처럼 우리가 만들어낸 것이 있다. 그러나 그는 그 관념들의 근원은 분명히 알지 못하고 있다고 시인한다. 따라서 모든 관념을 본유적인 것이나 외래적인 것, 아니면 만들어낸 것이라고 생각할 수도 있다. 지금 그는 외래적인 관념들에 대해, 그리고 왜 '내'가 그것들이 외부 사물과 유사하다고 생각하게 되었는지에 대해 관심을 갖고 있다. 외래적인 관념들은 '나의' 의지에 영향을 받지 않는다. 이를테면, 뜨거울 때는 원하든 원치 않든 뜨거움을 느낄 수밖에 없다. 그 결과, 외부 근원이 전달하는 것이 무엇이든 간에 이 외래적 관념은 무엇보다도 자신과 유사한 것을 전달한다고 생각하게 되었다.

이어서 성찰자는 외래적인 관념들이 외부의 대상들을 표상한다는 자연스런 가정과 '나의' 존재에 대한 인식을 대비시킨다. '나는 존재한다'는 것 또는 이런 존재의 사실은 '내가' 의심하는 한, 결코 의심할 수 없다. 그 진리가 '자연의 빛에 의해 내게 밝혀지기 때문'이다. 반면, 자연스런 가정(자연적 충동)은 자연의 빛만큼 신뢰할 수 있거나 가르쳐 줄 만한 능력이 없기 때문에 선을 선택해야 할 경우에도 나쁜 쪽으로 '나를' 부추겼던 적이 자주 있었다. 게다가 이 관념들이 반드시 외래적이라고 말할 수도 없다. 이 관념들은 '나의' 의지에 의존하지 않지만, 그것들을 산출하는 능력이 '나의' 내부에 있을 수 있기 때문이다. 그리고 만약 그 관념들이 외부의 사물로부터 유래한다고 해서 그것들과 유사해야 한다고 생각할 이유도 전혀 없다. 오히려 둘 사이에는 커다란 차이가 있는 경우가 많다. 우리의 감각에 의하면 매우 작게 보이지만, 천문학적 근거에 의하면 지구보다 몇 배나 큰 태양이 그 예라고 할 수 있다.

: 풀어보기

'나'는 존재한다는 것과 '나'는 생각하고 있는 것이란 사실을 확인한 성찰자는 어떻게 그가 이것들을 알 수 있는지, 그리고 유사한 방법으로 다른 사물들도 알게 되는지 아닌지를 확정하려고 노력한다. 결론은 *cogito*에 대한 그의 지식과 *sum res cogitans*는 명석판명한 지각들이라는 것이다. 따라서 모든 명석판명한 지각들(때때로 '자연의 빛'이라고 부름)은 틀림없이 확실하다.

여기서의 추론은 약간 순환적으로 보일지 모른다. 한

편으로 *cogito*는 명석판명하게 지각되기 때문에 확실하다. 또 한편으로 명석판명한 지각들은 *cogito*의 확실성이 완성되는 수단이기 때문에 확실해야 한다. 기하학과 산수의 경우에도 어려움이 제기된다. 이런 진리들도 명석판명해 보이지만, 그것들에 관해 우리가 기만당할 가능성은 여전히 존재한다. 그리고 만약 신이 명석판명한 지각들에 대해서도 우리를 기만할 수 있다면, 심지어 *cogito*조차 의심스러운 것이 될 수 있다. 그러나 *cogito*는 의심할 수 없는 것이다. 따라서 명석판명한 모든 지각은 참된 것일 수밖에 없다.

데카르트는 명석판명한 지각들을 참으로 만들기 위해 신의 현존에 의지함으로써 명석판명한 지각들과 관련된 문제들로부터 달아나려고 하는 것 같으면서도 신의 현존을 명석판명한 지각이라고 주장함으로써 신의 존재를 증명하고파 하는 듯하다. 유명한 '데카르트의 순환'이라고 불리는 이 수수께끼는 제3성찰(3)의 '풀어보기'에서 좀더 자세히 다루기로 한다.

관념 이론에 대한 논의는 신의 현존을 증명하려는 데카르트의 시도에서 필수불가결하다. 데카르트에 의하면, 관념들은 사유의 원자들이고, 모든 사유는 복합 관념들로 구성되어 있다. 관념들은 '사물들의 상과 유사한 것'이라는 데카르트의 말은 관념을 단순히 시각적 표상이라고 축소시키려는 것이 아니다. 우리는 신, 정의, 그리고 부엌의 싱크

대 수리 방법에 대한 관념들을 가질 수 있지만 반드시 상이 동반되는 것은 아니다. 왜냐하면 '…과 유사한'이란 표현이 '사물들의 상'을 수식하고 있기 때문이다.

어떤 관념들은 오직 엄격한 의미에서만 관념(본래적인 관념)인 반면, 어떤 관념들은 엄격한 의미에서의 관념 이외에 또 다른 어떤 것들을 지니고 있다. '또 다른 어떤 것들'은 의지, 정념, 혹은 판단이 될 수 있다. 데카르트는 판단은 우리가 오류를 범할 수 있는 것이기 때문에 특히 관심을 갖고, 의심의 근원을 밝히기 위해 오류의 근거를 고찰하고 싶어한다. 대부분의 판단 오류는 물질세계에 있는 사물들을 확인하려는 것과 관계가 있다. 왜냐하면, 정신이 '나의' 외부에 있는 사물들에 대해 판단을 내리고 싶어하는 곳이기 때문이다. 그래서 그는 본유적인 관념들, 외래적인 관념들, 우리가 만들어낸 관념들 중에서 외래적(내재적이 아니라 외부에서 첨가된) 관념들에 대해 지대한 관심을 기울이고, 우리가 종종 아무런 확실성이나 정당성 없이 정신 밖의 사물들을 지각하고 있다고 여긴다는 것을 깨닫는다.

Third Meditation(2)
관념에 대한 데카르트 이론

성찰자는 모든 관념은 사유의 양태인 한, 서로 아무런 차이가 없다고 추론한다. 모든 관념은 똑같은 양의 형상적 실재성, 즉 그것들 자체에 내재하는 실재성을 갖고 있다. 그러나 그 관념들이 표현하는 것은 아주 다르기 때문에 그 표상적 실재성—관념들이 나타내는 사물의 실재성—도 아주 다르다. 따라서 신의 관념은 나무의 관념보다 더 많은 표상적 실재성을 갖고, 다시 나무의 관념은 빨간색의 관념보다 더 많은 표상적 실재성을 갖고 있다. 그럼에도 불구하고 이세 가지 관념은 관념에 불과하며, 모두 똑같은 정도의 형상적 실재성을 갖고 있다.

성찰자는 어떠한 결과도 그것의 원인보다 더 많은 실재성을 가질 수 없다고 단언한다. 다시 말해, 존재하게 되는 모든 것은 동등하거나 더 많은 양의 실재성을 가진 어떤 것에 의해 존재하게 된다는 것이다. 예를 들면, 하나의 돌은 커다란 바위를 쪼개면 생겨날 수 있다. 커다란 바위가 더 많은 실재성을 가지고 있기 때문이다. 그러나 돌은 색깔에서는 만들어질 수 없다. 돌이 색깔보다 더 많은 실재성을 갖고 있기 때문이다. 어떤 관념은 그 관념이 지닌 표상적 실재성만큼의 형상적 실재성을 갖고 있는 원인에 의해서만 가능하다. 돌의 관념은 돌이나 더 큰 바위가 원인이 될 수 있지만, 색깔은 원인이 될 수 없다. 관념들은 다른 관념의 원인이 될 수 있으나 궁극적으로는 그 관념의 원인이 되는 어떤 관념보다 더 큰 어떤 것이 존재해야 하며, 어떤 관념의 제1원인은 적어도 그 관념이 가진 표상적 실재성만큼의 형상적 실재성을 지닌 것이어야 한다.

'내 안'에 있는 어떤 관념의 표상적 실재성이 아주 커서 형상적 혹은 우월적으로 '내 안'에 있을 수 없고, 따라서 '내'가 그 관념의 원인이 될 수 없다는 것이 확실하다면, 이 세상에는 나만 있는 것이 아니라 그 관념의 원인이 되는 다른 사물이 존재하고 있다는 의미가 된다. 다른 사람, 동물, 천사의 관념은 비록 그런 것이 세상에 존재하지 않더라도 '내'가 갖고 있는 관념으로부터 쉽게 합성할 수 있다. 물질적 사물들도 '나 자신'으로부터 생겨날 수 없을 만큼 대단한 것을 내포하고 있지는 않다. 밀랍 논거의 추론에서 물질적인 사물들을 고찰할 때는 크기, 연장, 형태, 운동, 지속, 수, 실체 같은 성질들만 명석판명하게 지각할 수 있다는 것을 알게 되었다. 이런 성질들은 성찰자도 대부분 소유하고 있다. 그리고 '나는 생각하고 있는 것'인 한, '내'가 크기, 연장, 형태, 혹은 운동을 갖고 있지 않다고 해도 이것들은 기껏해야 한 실체의 양태에 불과하고 '나'는 하나의 실체이기 때문에 '내'가 더 많은 실재성을 갖고 있다.

색깔, 소리, 냄새, 맛, 열, 차가움 등과 같은 감각적 성질들은 애매모호하게 지각될 뿐이므로 이들에 대한 관념이 사물의 관념인지 사물이 아닌 것의 관념인지 확신할 수 없다. 만약 이것들이 사물의 관념이라면, 극히 적은 실재성을 가졌을 것이 분명하기 때문에 성찰자 자신으로부터 별 문제없이 생겨날 수 있다.

: 풀어보기

여기서는 데카르트 시대에 흔히 통용되었을 중세 스콜라 철학자들이 만들어낸 수많은 구분을 곧바로 다룬다. 당시 이후로는 이 용어들의 사용이 잦아들었고 오늘날 독자들에게는 익숙하지 않기 때문에 관념 이론의 범주 내에서 데카르트의 존재론과의 구분에 관해 간략히 설명해 본다.

당대의 대다수 사상가들처럼 데카르트도 실재성의 가장 기본적인 건축용 벽돌을 실체라고 불렀다. 실체는 독자적으로 존재할 수 있으며 파괴될 수 없다. 데카르트의 존재론에는 두 종류의 실체—정신과 물체—가 존재한다. 정신 실체들에는 사람이나 천사 같은 유한한 정신과 무한한 정신인 신이 있다. 따라서 데카르트의 *sum res cogitans*는 하나의 실체로서 '나'는 물체라기보다는 정신이라고 단언하는 것이다.

모든 실체도 그 실체에 부가된 사물의 성질을 갖고 있다. 성질은 자신이 영향을 주는 실체와 독립적으로 존재할 수 없기 때문에 실체 자체가 아니며 속성과 양태로 구분할 수 있고, 속성은 다시 본질적 속성과 포괄적 속성으로 분류할 수 있다. 본질적 속성은 자신이 속하는 실체의 본질을 설명해 준다. 데카르트에 의하면, 물체의 본질적 속성은 연장이고, 정신의 본질적 속성은 사유다. 따라서 모든 물체는 필연적으로 공간에서 연장되고, 공간에서 연장된 모든 사물은 필연적으로 물체다. 정신과 사유도 유사하다. 생각하고 있는 모든 사물은 정신이고, 모든 정신은 사유한다. 포괄적 속성은 모든 실체에 부가된 속성이며, 실체의 본질을 규정하지 않는다. 예를 들면, 존재, 지속, 수 등이다. 양태는 어떤 것이 본질적 속성을 가질 수 있도록 하는 방식으로서 본질적 속성의 변위(變位)다. 예를 들어, 사각형은 연장의 양태다. 물체가 거기서 연장될 수 있는 방식이기 때문이다. 물질적 사물의 관념을 구성하는 색깔, 크기, 형태, 운동 등과 정신적 관념을 구성하는 상상, 의도, 감각, 느낌 등도 유사하다.

이제 형상적 실재성과 표상적 실재성의 구분으로 넘어가자. 데카르트와 스콜라 철학자들에게 관념은 형상적 실재성과 표상적 실재성을 모두 갖고 있기 때문에 정신과 세계를 연결하는 고리다. 좀더 명확히 구분하면, 형상적 실재성은 사물들이 이 세상에서 갖고 있는 실재성의 종류이고, 표상적 실재성은 다양한 관념에 의해 표현된 대상들의 실재성이다. 따라서 하나의 관념은 사유 자체의 양태이면 형상적 실재성을 가질 수 있고, 관념 외부의 어떤 것을 나타내면 표상적 실재성을 가질 수도 있다.

어떤 사물이 다른 사물보다 더 많거나 더 적은 실재성을 갖고 있다는 데카르트의 말은 그가 대략 실재성을 크기에 따라 나눈다는 것으로 이해할 수 있다. 무한 실체(신)가 가장 큰 실재성을 갖고 있으며, 그 다음이 유한 실체, 그 다음이 양태다. 앞에서 언급했듯이 유한 실체는 물체와 정신인 반면, 양태는 물체와 정신의 변위인 색, 형태, 크기, 상상력, 관념, 의지 등이다. 이를테면, 관념은 양태의 형상적 실재성을 갖고 있다는 것을 암시한다. 양태는 정신의 변위이기 때문. 따라서 예를 들어, 자동차의 관념은 양태(그것이 관념이기 때문)의 형상적 실재성과 유한 실체(그 관념이 자동차에 대한 것이고, 자동차는 물체이기 때문)의 표상적 실재성을 갖는다. 한편, 자동차에 대한 공포의 관념은 양태(그

것이 관념이기 때문)의 형상적 실재성과 양태(그 관념이 공포에 대한 것이고, 공포 역시 사유의 양태이기 때문)의 표상적 실재성을 가질 것이다.

데카르트에 의하면, 어느 정도 표상적 실재성을 가진 것은 궁극적으로 그 정도의 형상적 실재성을 가진 것이 원인이 되어야 한다. 따라서 예를 들어, 유한 실체의 표상적 실재성을 지닌 자동차의 관념은 양태의 형상적 실재성만 가진 자전거의 관념이 원인이 될 수 있으나 자전거의 관념은 다시 유한 실체의 형상적 실재성을 가진 자전거 자체가 원인이 될 수도 있다. 만약 인과관계를 계속 추적해가면, 그 관념이 갖고 있는 표상적 실재성만큼의 형상적 실재성을 가진 어떤 원인을 발견할 것이다. 만약 성찰자가 자신이 갖고 있는 형상적 실재성보다 더 많은 표상적 실재성을 가진 관념을 찾아낸다면, 그 관념을 창조해야 했던 그 자신 외부의 어떤 것이 틀림없이 존재한다는 결론이 될 수 있다. 그는 유한 실체의 형상적 실재성을 갖고 있기 때문에 더 많은 실재성을 가진 유일한 사물은 무한 실체뿐이다. 따라서 그는 신의 관념을 고찰함으로써 '나' 이외에 무엇인가가 존재한다는 것을 증명하려고 한다.

Third Meditation(3)
신의 현존과 데카르트의 순환

신을 '무한하고, 영원하고, 불변하고, 비의존적이고, 전지전능하고, 나 자신과 그 밖의 모든 것을 창조한 실체'라고 이해하고 있는 성찰자는 신의 관념이 '내'가 갖고 있는 형상적 실재성보다 훨씬 더 많은 표상적 실재성을 포함하고 있다는 것을 깨닫는다. 신은 무한 실체인 반면, '나'는 유한 실체에 불과하다는 것. 따라서 신의 관념이 '나'로부터 나온다고 할 수 없기 때문에 이 관념의 원인은 신이고, 따라서 신은 필연적으로 현존한다는 결론이 도출된다.

의심과 욕구는 '내'게 부족한 것이 무엇인지를 이해하며 생겨나는데, '나'보다 완전한 존재자의 관념이 '내 안'에 없다면 '내'가 무엇이 부족한지를 깨닫지 못할 것이다.

다른 사물들의 존재는 의심할 수 있지만, 신의 현존은 의심할 수 없다. 신에 대한 '나'의 지각이 매우 명석판명하기 때문이다. 이 관념은 무한한 표상적 실재성을 포함하고 있으므로 다른 어떤 관념보다 더 참된 것이다.

이어서 성찰자는 '나'도 더없이 완전해질 수 있다는 가능성에 대해 검토한다. 어쩌면 '나'는 '내'가 알고 있는 그 이상의 어떤 것일지 모른다. 만약 '내'가 신에게 귀속시킨 완전성들이 '내 안'에 잠재되어 있다면, '나의' 인식이 점점 증대되어 신의 완전성에 도달하는 것도 충분히 가능하다고 생각된다. 그러나 그럴 가능성은 없다. 첫째, 신은 전혀 잠재적이 아니고 항상 현재적이다. 둘째, 만약 '나의' 인식이 끊임없이 발전한다고 해도 더없이 완전한 경지에는 결코 도달하지 못할 것이다. 셋째, 잠재적인 존재는 결코 존재가 아니다. 신의 관념은 무한한 현재적 존재에 의해서만 산출될 수 있기 때문이다.

만약 '내'가 신 없이도 존재할 수 있다면, '나'는 나 자신이나 부모 혹은 신보다 덜 완전한 존재에서 나왔을 것이다. 그러나 만약 '내'가 나 자신으로부터 나왔다면, '나'는 의심하거나 어떤 것을 바랄 이유가 전혀 없다. 왜냐하면, '내 안'에 있는 관념이 지닌 모든 완전성을 '내'게 주었을 것이고, 그 결과 '내'가 신이 되었을 것이기 때문이다. 그리고 '나'는 항상 존재해 왔고, 그래서 '내' 현존의 작자를 찾을 필요가 없다고 가정하더라도 앞의 추론에서 크게 벗어날 수 없다. 매순간 '나'를 보존하는 어떤 힘, 즉 '나'를 새롭게 창조하는 어떤 힘이 존재하지 않는다면, '내'가 계속 존재할 이유가 없는 것이다. 사유하는 것으로서의 '나'는 그 보존력—'지금 존재하는 나를 조금 뒤에도 존재하게 할 수 있는 힘'—이 '내 안'에서 왔다고 해도 그것을 알아야 한다.

만약 부모나 어떤 다른 불완전한 존재가 '나'를 창조했다면, 이 창조자가 '내'게 신의 관념을 틀림없이 주었을 것이다. 그런데 이 창조자가 유한한 존재라면 어떻게 그것이 무한한 신의 관념을 갖게 되었는지 묻지 않을 수 없다. 이렇게 계속 원인을 추적하다 보면, 마침내 신의 관념은 유한 존재가 아닌 신에게서만 나올 수 있다는 결론이 도출된다.

이제 그렇다면 '나'는 어떻게 신의 관념을 받았을까? 이 관념은 무(無)에서 온 것도 아니고 '내'가 만들어낸 것도 아니다. 따라서 신의 관념은 틀림없이 본유적이고, 이 관념을 '내 안'에 가진 '나'는 현존하는 신이 창조한 것이 분명하다. 여기서 신은 기만자일 수 없다는 사실이 명석판명하게 지각된다. 모든 기만은 이런저런 결함에 의거한 것이고, 완전한 신은 아무런 결함도 갖고 있지 않기 때문이다.

:풀어보기

제3성찰의 결말에 도달한 지금 우리는 좀더 쉽게 데카르트가 추구하는 전체 전략을 개관할 수 있다. 제3성찰은 성찰자가 '나는 존재한다'는 것과 '나는 생각하고 있는 것'

이란 점만을 확신하는 시점에서 시작된다. 그는 명석판명한 지각을 통해 이런 사실들을 알게 된다고 결론짓고, 그 결과 그의 다른 모든 명석판명한 지각도 당연히 참이라고 추론한다. 그러나 명석판명한 지각들이 참인 것을 확인하려면, 신의 현존을 입증해야 한다. 만약 신이 기만자라면, 명석판명한 지각에 관해서도 기만당할 수 있기 때문이다.

그러나 신의 현존에 대한 입증은 성찰자가 신의 관념을 명석판명하게 지각한다는 것에 의존한다. 이 증명은 소위 '데카르트의 순환'에 빠지는 것 같다. 성찰자는 (a) 신이 현존할 경우에만 우리는 명석판명한 지각을 확신할 수 있고, (b) 우리는 신의 관념을 명석판명하게 지각할 수 있으므로 신이 현존한다는 것을 알게 된다는 사실을 동시에 주장하는 듯이 보이기 때문. 만약 (a)와 (b)가 모두 참이라면 데카르트는 순환 추론의 잘못을 저지르고 있다.

이런 순환에서 데카르트를 풀어줄 수 있는 방법은 아주 많다. 소위 '데카르트의 나선'이란 전략은 신의 현존 증명에 입력되는 명석판명한 개념들이 거기에서 출력되는 개념들과 다르다고 암시하는 것이다. 예를 들어, 2 + 3=5라는 명석판명한 지각은 신이 그것을 확인해 주지 않으면 의심받을 수 있다. 그러나 신의 관념에 대한 명석판명한 지각은 어쨌든 의심으로부터 면제된다. 이 해석에 의하면, 다양한 종류의 명석판명한 지각들이 존재하는데, 어떤 것은 전혀 의심할 수 없고 또 어떤 것은 신이 확인해 주어야 한다. 2 + 3=5라는 '나의' 명석판명한 지각은 하나의 판단이므로 실수할 수 있지만, 신이 현존한다는 '나의' 명석판명한 지각은 어떤 판단도 첨부되지 않은 엄격한 의미에서의 관념에 불과하다는 사실을 감안하면 이런 해석은 그럴 법하다.

또 다른 전략은 신이 〈성찰〉에서 수행하게 되어 있는 인식론적 역할을 재평가하는 것이다. 이 해석에 의하면, 데카르트는 신을 명석판명한 지각의 확증으로 사용할 수 없다. 만약 그렇다면, 지성에 의해 신의 현존을 증명하려고 드는 것은 실패한 목표가 되고 만다. 왜냐하면, 신이 현존한다는 것을 알기 전에는 지성에 의해 그 어느 것도 증명할 수 없을 것이기 때문이다. 따라서 신을 명석판명한 지각의 확증으로 간주하기보다는 의심에 대한 완충물로 해석할 수 있다. 우리는 신과 무관하게 명석판명한 지각을 알고 있지만, 신의 현존도 어쩌면 우리가 달리 가질 수 없는 확실성을 제공해 준다는 것이다. 이 해석에 의하면, (b)가 참이다. 그러나 우리는 신이 현존한다는 것을 확신하자마자 우리의 명석판명한 지각을 소급해서 재단언할 수 있다는 말로 (a)를 다시 표현하려고 한다. 이런 해석은 우리가 〈성찰〉을 이해하는 방식을 완전히 재구조화한다는 문제점이 있다. 신이 아닌 명석판명한 지각이 지식의 궁극적인 근거가 되기 때문이다.

〈성찰〉의 대부분이 혁명적인 독창성을 지녔음에도 불

구하고, 우리는 신의 현존 증명이 스콜라 철학자들 사이에 널리 퍼져 있던 증명에서 파생되었다는 점을 주목해야 한다. 이 증명은 신 자신만큼 위대한 신의 관념에 대한 원인이 틀림없이 존재한다고 암시하는 인과적 추론에 의존하고 있다. 비록 내가 지닌 신의 관념은 아버지에게서 올 수 있고 아버지가 지닌 신의 관념은 성직자에게서 올 수가 있지만, 그 인과 연쇄의 끝에는 신이라는 제1원인이 존재한다는 것이다. 제1원인의 증명은 우주에서 일어나는 모든 변화의 근원에 틀림없이 어떤 부동의 동자(不動의 動者)*가 있다는 사실을 지적하는 경우에 흔히 사용되었으나 그 후에는 논리의 비약으로 점차 신뢰를 잃고 말았다.

　신의 현존 입증할 수 없다는 점은 오늘날 널리 인정되고 있으며, 그 증거를 찾는 일은 이제 더 이상 중요한 철학적 주제가 아니다. 신의 현존 여부와 신의 본질에 대해서는 여전히 의견이 일치하지 않고 있지만, 신의 현존이 지식인들의 재주에 의해 증명될 수 없다는 점은 널리 인정된다.(키에르케고르는 신에 대한 믿음은 엄격한 증거보다는 '신념의 도약'을 요구한다고 단언한다.)

---

* **부동의 동자**(unmoved mover): 아리스토텔레스의 형이상학에서 제1원인을 지칭하며, 자신은 움직이거나 변화하지 않으면서 다른 존재(우주)들을 생성하고 움직이고 변화시키는 존재. 토마스 아퀴나스에 의해 기독교 신학에 흡수되어 우주만물을 창조한 하느님을 일컫는 용어로 사용됨. 원동자(原動者, prime mover).

Fourth Meditation(1)
신은 기만자(欺瞞者)가 아니다

‘참과 거짓에 관하여 Truth and falsity’란 부제가 붙은 제4성찰은 성찰자가 ‘나의’ 모든 확실한 지식, 특히 신이 현존한다는 가장 확실한 지식이 감각이나 상상력이 아니라 지성에서 온다고 말하면서, 그때까지 발견한 근거에 대해 숙고하는 것으로 시작된다. 신의 현존을 확신하고 있는 지금은 훨씬 더 많은 사실을 연속적으로 알게 된다. 첫째, 신은 ‘나’를 기만하지 않을 것이다. 기만하려는 의지는 약함이나 악의를 나타내는 것이며, 신의 완전성은 그것을 허용하지 않을 것이기 때문이다. 둘째, 만약 신이 ‘나’를 창조했다면, 신은 ‘나의’ 판단에 대해 책임을 져야 한다. 따라서 ‘나’는 판단능력을 올바르게 사용하는 한, 결코 오류에 빠지지 않을 것이다.

그렇다면, 신이 결코 오류에 빠질 수 없는 판단력을 ‘내’게 부여했는데도 수많은 오류를 범하는 까닭은 무엇일까?

바로 '내 안'에서는 완벽하고 완전하고 최고의 존재자인 신의 관념뿐만 아니라 모든 완전성으로부터 가장 멀리 떨어져 있는 부정적 관념인 무(無)도 나타나기 때문이다. 따라서 최고의 무한 존재자에 의해 창조된 것인 한, '나'를 속이거나 오류로 이끄는 것은 '내 안'에 있을 수 없지만, 또한 유한 존재로도 창조된 '나'는 무에도 일부는 참여하고 있기 때문에 잘못을 저지를 수 있다. 그 오류 자체는 '내'가 신으로부터 오류를 범하는 능력을 받아서가 아니라 참과 거짓을 구별하기 위해 신이 부여한 능력이 무한하지 않아서 범하는 것이다. 다시 말해, 신이 창조한 모든 것은 완전하지만, 유한 존재로 창조된 '나의' 유한성으로 인해 오류의 여지가 남는 것이다.

그러나 성찰자는 여전히 만족할 수 없다. 만약 신이 완벽한 창조자라면 완벽한 존재를 창조할 수 있어야 한다. 신은 성찰자가 결코 오류를 범하지 않도록 완벽한 존재를 만들 수 있었을 것이고, 항상 최선을 원한다는 것은 분명한 사실이지 않은가? 그러나 헤아릴 수 없이 무한한 신의 동기와 이유를 유한 존재인 '내'가 이해할 수 없다고 해서 의심하면 안 된다. 이런 이유만으로도 자연적 사물들에서 마지막 원인을 찾는 것은 소용없는 일이다. 신의 정신을 읽어내거나 신의 동기를 이해하려고 드는 것은 매우 주제넘은 짓이기 때문이다. 신의 창조물들이 완전한 것인지 아닌지를 탐구할 때는 피조물 하나하나를 분리하지 말고 전체를 함께 살펴야 완전성을 발견할 수 있다. 즉 그 자체로는 불완전한 것으로 간주될 수 있더라도 세계의 한 부분을 차지하고 있는 한, 완전한 것이기 때문이다. '내'가 모든 것을 의심하려고 한 이래 지금까지 확실히 인식한 것은 '나'는 존재한다는 것과 신이 현존한다는 것뿐이지만, 신의 무한한 능력을 알게 된 후에는 신은 다른 많은 것을 만들었고 적어도 만들 수 있으며 '나'는 사물 전체의 한 부분만을 차지하고 있을 뿐이란 사실을 부인할 수 없다.

· 풀어보기

데카르트는 신이 기만자일 수 있다는 사실을 부인하면서 당대에 친숙했을 힘과 존재의 개념을 사용하고 있지만, 오늘날에는 이상하게 여겨진다. 존재와 행동하는 힘은 모두 데카르트가 긍정적이 되기 위해 고안해낸 것이다. 더 많은 힘과 존재감을 갖는 것일수록 더 나은 것이다. 악마와 부정적 행동은 긍정적 존재와 균형을 맞춰주는 어떤 부정적 존재의 결과가 아니라, 존재의 결핍에서 생기는 결과다. 최고로 선한 신은 무한 존재와 무한한 힘을 틀림없이 갖고 있다. 이것들은 선(善)과 연결되어 있기 때문이다. 기만행위는 거짓 행동이고, 거짓은 존재하지 않는 것과 관계된다. 따라서 데카르트의 추론에 의하면, 신은 최고의 실재성을 갖고 있으며 결코 무에 참여하지 않기 때문에 기만자가 될 수 없다. 한편, 사람들을 유한 존재를 가진 것으로 이해하는 데카르트는 무한 존재를 갖고 있지 않은 것은 무에도 참여하고 있다는 것을 함의한다고 이해한다. 즉, 사람은 최고의 존재인 신과 무(無)의 중간자로서 존재한다는 것. 우리가 신보다는 무에 참여하는 한, 오류를 범하는 것은 당연하다.

데카르트가 이러한 선(善)과 존재의 개념을 갖고 있는 이유를 파악하려면 윤리 역사를 좀더 알아야 한다. 간단히 설명해 보자. 데카르트가 계승한 고대 그리스의 미덕 개념에서는 실재적인 것, 참인 것, 선한 것은 모두 밀접하게 연계되어 있다. 선한 것은 단순히 실재적인 것에 참여하는 문제이고, 악한 것은 비실재성과 연관되어 있다. 목적론의 하나였던 그리스 철학 세계에서는 세계의 모든 작동에는 이유와 목적이 존재했고, 선한 것은 단순히 실재성에 접근하는 일로 여겨졌다. 데카르트는 여전히 스콜라 철학에서 물려받은 옛날 세계관을 고수하고 있다. 칸트 같은 후세 철학자들에게서 보듯 이 세계관은 그 이후로 변했다. 칸트에 의하면, 이성과 목적은 우리가 이 세계에 적용하는 사물들이다. 따라서 선(善)은 우리의 이성이 도덕적으로 중립인 우주에 부여하는 어떤 관념인 것이다. 지금 우리가 이해하고 있는 것은 칸트의 세계관이기 때문에 종종 선과 존재를 똑같은 것으로 간주하는 세계관을 이해하기 어렵다.

　데카르트도 최고로 선한 신이 우리를 무한 존재로 창조하지 않은 이유에 대해 의문을 갖는다. 요컨대, 우리가 얻게 되는 변형된 대답은 이렇다. "신은 신비스런 방식으로 작업하신다." 신의 동기는 우리의 빈약한 이해력으로는 알 수 없다는 암시인 셈이다. 우리 단독으로는 불완전한 것으로 보일 수 있지만, 우리는 훨씬 커다란 창조물의 작은 일부분에 불과할 뿐이다. 핸들 자체만을 놓고 볼 때는 쓸모없고 불완전한 것이라고 생각할지 모르지만, 자동차라는 더 커다란 맥락에서 보면, 목적에 맞도록 완벽하게 설계되었다는 사실을 알 수 있지 않은가.

Fourth Meditation(2)
의지, 지성, 그리고 오류 가능성

:요점정리

　성찰자는 오류의 근원을 고찰해 본다. 오류는 동시에 작용하는 지성(인식 능력)과 의지(선택 능력, 즉 자유의지)에 근거한다. 그러나 지성은 관념에 대해 판단을 내리지 않고 관념을 지각하게 해줄 뿐이므로 엄격한 의미에서는 오류의 근원이 될 수 없다. 성찰자는 알고 있는 것이 제한된 지성에 비해 의지만큼 완전하고 큰 것은 '내 안'에 없기 때문에 의지를 지금 갖고 있는 것보다 더 크고 더 완벽한 것으로 생각할 수 없다. 그 밖의 다른 정신 능력들—기억력, 상상력, 이해력 등—은 신이 훨씬 더 많이 갖고 있다. 그러나 '내 안'에서 선택의 자유, 즉 의지는 무한하고, 따라서 이 점에서는 신의 형상과 닮아 있다. 신의 의지는 더 큰 지식과 힘이 동반되고 모든 것에 미친다는 점에서 '내 안'에 있는 것과는 비교할 수 없을 정도로 크지만, 엄격한 의미에서는 '내 안'에 있는 의지보다 커 보이지 않는다. 의지는 지성이 우리에게 제시하는 것을 외부의 힘에 의해 이미 결정되어 있지 않다고 느끼면서 단순히 긍정하거나 부정하고, 추구하거나 회피하는 데 쓰기 때문이다. 가장 낮은 단계의 자유인 비결정성의 느낌(결정을 내리지 못하는 상태)은 의지의 유약함이 아니라 어떤 것이 추구해야 할 참되고 올바른 길인지에 대한 지식의 결핍이다. 따라서 신의 의지는 신이 최고의 지식을 갖고 있고 항상 선한 것을 의도할 수 있다는 점에서 우리의 의지보다 우월할 뿐이다.

신으로부터 받은 '나의' 의지는 완전하고 광대하기 때문에 오류의 근원이 될 수 없다. 인식력, 즉 지성도 신에 의해 창조되었기 때문에 결코 잘못된 것일 수 없다. 오류는 이런 능력들 가운데 포함된 불완전성에서 유래하는 것이 아니라 의지의 활동범위가 인식력보다 훨씬 더 넓기 때문에 생겨난다. 그 결과, 의지는 완전히 인식되지 않은 문제에 대해 판단을 내리고, 이런 문제에 대해서는 비결정성의 상태에 있게 된다. 예를 들어, 성찰자는 '나'는 존재한다는 것을 명석판명하게 인식했기 때문에 참이라고 판단하지 않을 수 없다. 그러나 여전히 '나 자신인 사유하는 본성'이 순리상 '나의 것'이라고 가정하는 물질적 본성과 같은 것인지 아닌지, 하는 의문이 생긴다. 여기서 '나'는 정신과 물체 사이의 관계를 제대로 인식하지 못하고 있기 때문에 정신과 물체가 같은 것이라고 인정할지 부정할지에 대해 비결정성의 상태에 있고, 잘못된 판단을 내리기 쉽다. 명석판명한 지각 이외의 모든 지성 속에는 얼마간의 추측과 불확실성이 존재하기 때문에 의지가 잘못된 판단을 충분히 내릴 수 있다. 어떤 것이 참인지 불확실한 경우에는 판단을 보류하는 편이 올바른 행동이다. 그때 긍정하거나 부정한다면, 오류에 빠질 것이 분명하고 설령 진리에 도달하더라도 우연에 의한 것일 뿐이다.

신이 지금보다 큰 이해력이나 자연의 빛을 '내'게 주지 않았다고 불평해서는 안 된다. 지성의 유한성에 대해서는 신이 '내'게 주지도 않은 것을 빼앗아 갔다든가 부당하게 주지 않았다고 생각하지 말고 오히려 감사해야 한다. 그리고 신이 지성보다 활동범위가 넓은 의지를 '내'게 주었다고 불평해서도 안 된다. 의지는 이른바 분할될 수 없는 것이고, 따라서 그 본성상 어떤 것이 자신으로부터 박탈되는 것을 용납하지 않는 듯이 보이기 때문이다. 끝으로 '내'가 잘못된 판단을 내리도록 하는 '나의' 불완전성에 대해서도 불평하면 안 된다. 왜냐하면, '나'는 신의 더 커다란 창조물의 조그마한 일부분에 불과하고, 심지어 홀로 고려될 때는 불완전하게 보일지 몰라도 그 창조물 안에서의 역할은 완벽하기 때문이다. 또한 그 진리가 불확실한 모든 것에 대해서는 판단을 유보하고 명석판명한 지각에 대해서만 판단을 내리면 오류를 피할 수 있다.

여기서는 지성과 의지를 구분하고 있다. 지성은 이해하고 생각할 뿐만 아니라 감각하고 상상하는 능력이며, 모두 그 자체로는 가치중립적이다. 의지는 긍정하는 것과 부정하는 것을 책임지며, 가치와 오류 가능성이 나타나는 것도 의지 속이다. 예를 들어, 나무에 대한 '나의' 시각적 지각은 지성 속에서 만들어지지만, 그것이 실제로 나무라고 긍정하거나 아니면 '내'가 꿈을 꾸고 있을지도 모르기 때문에 판단을 보류하는 것은 의지다. 따라서 심지어 '내'가 환각에 빠져 있을 뿐 나무가 존재하지 않는 경우에도 지성은 이 지각을 '나'에게 보고하는 잘못을 범하지 않지만, 의지는 그것이 진짜 나무라고 판단하는 오류를 범한다.

지성은 지각과 인식력이 작용할 수 있는 정도가 다양하기 때문에 유한하고 제한된 것이다. 예를 들어, 어떤 사람은 간단한 대수학만 풀 수 있고 또 어떤 사람은 단박에 미분방정식을 계산할 수 있지만, 어느 누구도 우주의 신비를 전부 이해할 수는 없다. 반면, 의지는 그 효능이 정도의 문제가 아니기 때문에 유한한 것이 아니다. '나'는 자유의지를 갖고 있기 때문에 '나의' 지성이 던져준 그 어떤 명제든 긍정하거나 부정할 수 있다. 우리가 항상 부정하거나 부정하지 않는다는 사실은 의지의 유약함이 아니라 지성의 유약함에 기인한다. 때때로 지성은 의지가 정보에 근거한 판단을 내릴 수 있을 만큼 어떤 문제를 아주 잘 이해하지 못하는 경우가 있는데, 이때는 의지가 대신 판단을 유보한다.

오류는 의지의 범위와 지성의 범위가 다르기 때문에 생긴다. 의지는 무한하고 어떤 명제든 부정하거나 긍정할 수 있는 반면, 지성은 유한하고 소수의 명제들만 명석판명하게 지각할 수 있기 때문이다. 지성이 지각한 것은 대부분 감각적 지각들처럼 혼란스럽고 불분명하다. 우리가 올바로 판단하고 있다는 것을 확신할 수 있는 유일한 때는 명석판명한 지각의 경우들뿐이다. 그렇다면, 명석판명한 지각인지를 어떻게 알 수 있느냐, 하는 문제가 생긴다. 데카르트는 의지가 긍정할 수밖에 없는 지각이 곧 명석판명한 지각이라고 답한다. 예를 들어, 성찰자는 '나는 존재한다'는 것을 부정할 수 없다. 왜냐하면, '나의' 모든 사유가 '나의' 존재를 확인해 주기 때문이다. 반면, 꿈 논거(제1성찰)가 보여주듯이 '내'가 본 것은 의심할 수 있다. 따라서 시각적 지각들은 명석판명한 것이 아니다.

2 + 2=22를 긍정할 수밖에 없는 바보를 우리가 어떻게 생각해야 하느냐에 관해 반론이 일어날 수 있다. 우리는 cogito나 수학적 진리를 부정하는 우리의 무능력이 우리 자신의 유약함의 결과가 아니라는 것을 어떻게 알 수 있는가? 이 질문에 대한 답은 전혀 명석하지 않고, 2 + 2=22라고 생

각하는 바보에게 자신의 판단을 긍정하기 전에 더 열심히 생각해야 한다는 말보다 더 좋은 답을 주기가 어렵다.

우리는 데카르트가 자유의지의 옹호자라는 점도 주목해야 한다. 그는 인간의 모든 정신 능력 가운데 의지만이 신과 동등하다고 단언한다. 그것은 제한이 없기 때문이다. 의지는 자신이 원하는 것은 무엇이든 긍정하거나 부정할 수 있다. 알고 보면, 의지는 오류의 근원이다. 만약 신이 우리에게 자유의지를 주지 않았다면 우리는 혼란스럽고 모호한 지각들에 대해 경솔하게 판단하지 않을 것이고 결코 오류를 범하지 않을 것이다.

자유의지와 결정론의 문제는 철학에서 공통적인 문제이기 때문에 데카르트의 양립주의적인 태도를 설명하는 것이 중요하다. "만약 우리가 자연의 일부이고 자연의 결정론적 법칙을 따라야 한다면, 어째서 우리가 자유의지를 가질 수 있을까?" 데카르트의 대답은 우리가 '비결정성의 자유'를 갖고 있지 않기 때문에 다르게 행동할 수 있었다는 것이다. 그가 지닌 자유의지의 개념은 우리가 '외부의 제약으로부터 자유롭고', 우리가 지금 행동하듯이 행동하도록 강요받고 있다고 느끼지 않을 것을 요구한다. 우리는 자유의 관념 하에서 행동하고, 그것은 우리의 판단이 자유롭게 이루어진다는 것을 보장해 주면 충분하다.

Fifth Meditation
물질적 사물의 본질과
두 번째 고려된 신의 현존

　　제5성찰은 관심을 물질적 사물에 기울이면서 시작된다. 성찰자는 우선 사물 자체보다는 '나의 생각 속에 있는' 물질적 사물의 관념들을 고찰하고, 연장, 크기, 모양, 위치, 장소 운동, 그리고 이 운동에 온갖 지속을 귀속시킬 수 있다는 것을 판명하게 상상한다고 결론짓는다.

　　그는 물질적 세계에는 현존하지 않을 수 있으나 여전히 무라고는 말할 수 없는 추상적이고 기하학적인 대상들에 대해서도 고찰한다. 이런 관념은 어느 정도 자의적으로 생각하는 것이기는 해도 '내'가 날조해낸 것이 아니라 참되고 불변하는 자신의 본성을 갖고 있다. 예를 들어, 삼각형은 '나의' 정신 밖의 세계 어디에 존재한 적이 없다고 해도, '나의' 정신에 의존하지 않는 불변하고 영원한 본성, 본질, 형상을 지니고 있다. 삼각형의 관념은 감각기관을 통해 얻게 된 것이 아니다. 왜냐하면, '나'는 결코 보지 못했던 모든 종류의 도형을 생각할 수 있고, 삼각형의 경우처럼 그 도형들의 많은 특성도 입증할 수 있기 때문이다. 그리고 그 특성들을 명석하게 인식하고 있으므로 이것들이 참인 것은 확실하다. 또한 '나'는 의심을 시작하기 이전에도 산수나 기하학 또는 순수하고 추상적인 수학에 속하는 진리는 모두 그 무엇보다 가장 확실하다고 간주했다.

삼각형은 '내'가 이 사물에 속한다고 생각하는 모든 특성을 갖고 있는 것이 틀림없다. 왜냐하면, 삼각형이 '나의' 정신 속에 하나의 관념으로 존재하고, '내'가 그 모든 특성들을 명석판명하게 지각하고 있기 때문이다. 이런 사실로부터 신이 '나의' 정신 속에 하나의 관념으로 존재하고, '내''가 신의 특성들을 명석판명하게 지각하고 있다는 것이 유추된다. 신의 특성 가운데 하나는 현존이고, 그래서 명석판명한 지각으로부터 신이 틀림없이 현존한다는 사실이 파생되는 것이다. 만약 현존이 신의 본질이라면, 세 변을 갖고 있지 않은 삼각형이 삼각형이 될 수 없듯이 현존하지 않는 신은 신이 아니다. 따라서 신의 현존은 최소한 수학적이고 기하학적인 대상들의 특성들만큼은 확실해야 한다. 왜냐하면, '나'는 똑같은 방식으로 그것들을 증명할 수 있기 때문이다.

성찰자에 의하면, 명석판명하게 지각하는 것만이 '나'를 설득시킨다. 어떤 지각들은 삼각형이 세 변을 가지고 있다는 사실처럼 명백할 수 있으며, 어떤 지각들은 직각삼각형의 빗변의 제곱의 합은 나머지 두 변의 제곱의 합과 같다는 피타고라스* 정리처럼 더 많은 생각을 필요로 할 수 있다. 그러나 피타고라스 정리가 증명되면, 그것은 다른 명석판명한 지각들처럼 확실하다. 마찬가지로 신의 현존도 감각들과 선입견에 의해 야기된 혼동들이 없었다면, 즉각 명석판명하게 지각될 것이다. 이제 신의 현존이 확립되었으므로 그것은 다른 명석판명한 지각들처럼 확실하다.

신은 '나의' 명석판명한 지각들의 보증자다. '나'는 어떤 특별한 지각에 대해 끊임없이 정신의 눈을 고정할 수 없기 때문에 어떤 진리를 명석판명하게 지각하지 못하는 경우가 생길 수 있다. 그런 경우에는 신을 알지 못한다면 의심이 자리할 수 있다. 신은 기만자가 아니며 '내'게 완전한 인식력과 명석판명한 지각들을 따르지 않을 수 없는 의지를 부여했다는 것을 알고 있기 때문에 비록 지금 '나의' 정신의 눈이 과거에 명석판명하게 지각한 것에 계속 주의를 기울이고 있지 않다고 해도 그것은 참이고 여전히 참이라는 것을 알게 된다. 잘못 판단한 것들은 지성에 의해 명석판명하게 지각된 것이 아니다. 그리고 심지어 '내'가 꿈을

---

* **피타고라스**(Pythagoras, 582?-497 B.C.?): 그리스 종교가, 철학자, 수학자. 만물의 근원을 수(數)로 봄. 탈 레스의 제자.

꾸고 있다고 해도 제1성찰에서 암시되었던 것처럼 명석판
명한 지각에 대해서는 잘못을 저지를 수 없다.

: 풀어보기

'본질'은 17세기 이후로는 그다지 널리 사용되지 않은
철학적 용어다. 어떤 사물의 본질이란 그 사물의 존재에 없
어서는 안 될 특성이나 특성의 집합이다. 예를 들어, 아리스
토텔레스는 이성을 인간의 본질적 특성이라고 정의한다. 다
리 하나를 잃어도 여전히 인간이지만, 이성적이지 않으면
인간일 수가 없다는 것.

본질에 대한 데카르트의 논의는 아리스토텔레스의 경
험주의에 대한 강력한 반작용으로 의도된 것이다. 아리스
토텔레스에 의하면, 우리는 세상에 있는 삼각형 모양의 대
상들에 대한 실례를 검토해서 그것들로부터 삼각형들의 본
질을 추출함으로써 삼각형의 본질을 배우게 된다. 그런데
데카르트는 이 공식을 뒤엎는다. 우리는 오직 지성을 통해
서만 삼각형의 본질을 배우고, 그 다음에 가서야 비로소 실
재 세계를 보면서 삼각형들의 실례가 존재하는지 살펴본다
는 것. 데카르트의 공식에서는 우리가 명석판명하게 지각하
는 사물의 모든 특성들은 본질적이어야 한다. 따라서 물체
들은 본질적으로 연장된 것이다. 왜냐하면, 연장은 그 어떤

경험적 조사보다 먼저 지성에 의해 명석판명하게 지각되기 때문이다. 물체의 본질에 대해서는 제6성찰에서 좀더 논의하기로 한다.

데카르트는 아리스토텔레스에 반대하는 자기 입장을 뒷받침하기 위해 강력한 이유들을 제시한다. 만약 본질들이 실제 세계에서 추출되는 것이라면, 우리는 어떻게 세상에 존재하지 않는 완전한 삼각형들을 이해하는 것일까? 나아가 우리가 수학적으로 이끌어냈지만 실제 세계에서는 결코 접한 적이 없는 추상적인 도형들은 어떻게 이해하는 것일까? 그러나 아리스토텔레스를 옹호하자면, 데카르트는 우리에게 수학적 대상들의 본질들에 관해서는 잘 설명해 주었지만, 물질적 사물들의 본질을 알 수 있는 방법에 대해서는 전혀 가르쳐준 것이 없다. 이를테면, 세상에 있는 금을 결코 본 적이 없으면서도 지성을 사용해서 금의 본질을 이해할 수 있을까?

이어 데카르트는 본질에 대한 논의를 신의 현존에 대한 두 번째 증명으로 전환시킨다. 이 증거는 제3성찰에서 나타난 것보다 약하기 때문에 이 증거를 보태는 이유가 의아할 수도 있다. 이전 증명이 충분하다고 확신하지 못하는 것일까? 만약 그렇다면, 이 새로운 증거는 어떤 결함들을 손보고 있는 것일까? 가장 중요한 점은 그것이 신과 명석판명한 지각들 사이의 연결을 강화하고 있다는 사실이다. 명석판명한 지각들은 신이 현존하기 때문에 확실해졌고, 본질적 특성인 신의 현존은 명석판명하게 지각된다. 물론, 이 강화된 연결은 데카르트 순환의 수수께끼를 강화시킬 뿐이다.(제3성찰(3)의 '풀어보기' 참고)

여기서 나타나는 신의 현존 증명은 스콜라 철학자들 사이에서 널리 퍼져 있던 것이다. 우리가 지닌 신의 관념은 완전한 존재자의 관념이다. 그리고 완전한 존재자의 속성 가운데 하나는 현존인데, 존재하지 않는 것보다는 존재하는 것이 더 완전하기 때문이다. 데카르트의 공식에서 현존은 단지 하나의 속성이 아니라 신의 본질적 특성이기 때문에 신은 현존 없이는 생각할 수 없다. 그러나 이 증명은 칸트가 제일 먼저 지적했듯이 현존이 '빨갛다' 혹은 '키가 크다'처럼 술어나 특성이라는 잘못된 가정에 근거하고 있다. 사실, '존재한다'는 '빨갛다' 혹은 '키가 크다'와는 전혀 다른 종류의 술어다. 술어 '존재한다'는 어떤 대상을 수식한다기보다는 세상을 수식한다. 만약 내가 "빨간 자동차가 존재한다"고 말한다면, 빨간색의 특성은 자동차를 수식하는 어떤 것이다. 반면, '존재한다'는 자동차를 수식하는 것이 아니라 세상이란 그 속에 자동차가 있는 그런 것이란 말이 된다. 이런 의미에서 '존재한다'는 자동차의 특성이 아닌 것이다.

Sixth Meditation(1)
데카르트의 물체

: 요점정리

부제가 '물질적 사물의 현존 및 정신과 물체의 실재적 상이성에 관하여 The existence of material things, and the real distinction between mind and body'인 제6성찰은 물질적 사물을 검토하면서 시작된다. 성찰자는 물질적 대상들이 존재한다는 강력한 가능성을 받아들인다. 그 이유는 물질적 대상들이 순수 수학의 주제이고 '내'가 그것의 진리를 명석판명하게 지각하고 있기 때문이다. 이어서 그는 하나는 상상력, 또 하나는 감각에 기반하는 물질적 사물의 존재에 대한 두 가지 논거를 제시한다.

먼저 상상력과 순수 인식력의 차이를 검토한다. 예컨대, 삼각형의 경우에는 삼각형이 세 변을 가졌다는 것을 지각할 수 있고, 그 인식력만 사용해서 모든 종류의 다른 특성들을 이끌어낼 수 있다. 그리고 '나의' 정신의 눈 속에 삼각형을 그려냄으로써, 상상력으로 이런 특성들을 지각할 수도 있다. 그러나 상상력의 약점은 천각형을 고찰할 때 명백해진다. '나의' 정신의 눈 속에 그것을 그리기가 매우 어렵고, 그 정신적 상(像)을 999각형의 정신적 상과 구별하기는 더더욱 어렵다. 그러나 수학적 관계만을 다루는 순수 인식력은 삼각형을 지각할 수 있듯이 쉽게 천각형의 모든 특성들을 지각할 수 있다.

상상력은 '나의' 정신의 본질적 특성이 될 수 없다. '나'는 비록 상상력이 없더라도 여전히 존재할 수 있기 때문이다. 따라서 상상력은 '나'와는 다른 것에 의존되어 있다는 귀결이 가능해진다. 성찰자의 추측에 의하면, 상상력은 물체와 결합되어 있고, 그래서 정신이 물질적 대상들을 그릴 수 있게 해준다. 정신은 어떤 것을 이해할 때는 자신에게로 향해 그 속에 내재되어 있는 어떤 관념을 고찰하는 반면, 어떤 것을 상상할 때는 외부의 물체로 향해 자신이 이해한 관념이나 감각이 지각한 관념과 상응하는 어떤 것을 물체 속에서 바라보는데, 이것은 물체의 현존에 대한 개연적인 추정일 뿐이지 결정적인 증거는 아니다.

이어 성찰자는 방향을 바꿔 감각을 통해 지각하는 것에 대해 곰곰이 생각한다. '나'는 세상에 존재하는 신체─머리, 손, 발, 기타 지체─를 가지고 있다는 것과 이 신체가 즐거움, 고통, 감정, 배고픔 등을 경험할 수 있다는 것을 지각하고, 연장, 형태, 운동, 딱딱함, 열기, 색깔, 냄새, 맛 등을 가진 다른 물체들을 지각할 수 있다. 이 지각들이 모두 외부의 근원에서 온다고 생각하는 것은 터무니없는 일이 아니다. 왜냐하면, 이 지각들은 '나의' 동의 없이 주어진다는 것을 경험했고, '내'가 정신 속에 의식적으로 만들어낸 지각들보다 훨씬 더 생생해서 '나 자신'에서 유래했다는 것은 있을 수 없다고 여겼기 때문이다. 그리고 이 지각들이 외부에서 온다면, 이 감각적 관념들의 근원이 어느 정도 관념 자체와 유사하다고 생각하는 것은 매우 자연스럽다. 이런 관점에서 모든 지식이 감각을 통해 외부로부터 온다고 확신하기는 매우 쉬운 일이다.

: 풀어보기

데카르트가 '물체'에 의해 이해하는 것은 어느 정도 반(反)직관적이고, 그의 물리학과 밀접하게 연관되어 있다. 여기서는 데카르트 물리학의 몇 가지 개념을 명확히 설명하기 위해 주제를 약간 벗어나보자.

전체적인 데카르트 물리학은 연장이 물체의 본질적 속성이며, 그 밖의 어떤 것도 물체를 설명하거나 이해하는 데 필요치 않다는 주장에 근거하고 있다. '연장'은 공간에 확장되는 것을 의미하고, 따라서 물체란 공간을 차지하는 어떤 것이다. 위대한 수학자이자 분석기하학과 데카르트 좌

표를 발명한 데카르트의 물리학은 고도로 수학적인데, 우리는 물체를 좌표공간에 도식화될 수 있는 어떤 것으로 이해해야 한다.

데카르트는 물리학과 기하학 및 물체와 빈 공간을 실제로 구분하지 않는다. 기하학은 단순히 확장된 실체의 수학적 공식화일 뿐이고 물체는 연장에 불과하다면, 기하학과 물리학의 구분은 사라진다. 마찬가지로 공간이 연장된 것이라면 비록 비어 있더라도 그 빈공간은 물질적인 대상들처럼 물체다. 이런 추론으로부터 물체란 침투될 수 없는 것이란 사실이 파생된다. 두 개의 물체는 똑같은 공간을 차지할 수 없다는 것. 만약 두 물체가 똑같은 공간을 차지한다면, 똑같은 연장을 갖게 되어 결국 똑같은 물체가 된다. 물체란 연장에 불과하기 때문이다.

데카르트 물리학이 지닌 주된 문제점은 무엇이 사물을 이동시키는지 설명하지 않는다는 것이다. 만약 물체가 단순히 연장이라면, 힘과 에너지는 어디에서 오는 것일까? 세 가지 대답이 가능하다. 첫째, 신이 모든 것을 움직이는 힘으로 생각될 수 있다. 그러나 이 대답은 약간 인위적인 것으로 여겨진다. 둘째, 신이 매순간 세상을 재창조한다고 생각할 수 있다. 그러므로 변화는 사실상 하나의 환상이다. 사물들은 변화하지 않고, 끊임없이 파괴되고 재창조되는 것이다. 셋째, 신이 우주에 자연법을 만들고, 이것이 신을 위해 운동을 일으킨다고 생각할 수 있다.

본질적으로 연장된 것인 물체의 현존에 대한 데카르트의 논거는 두 가지 전략 가운데 하나를 따를 수 있다. 〈성찰〉에서 추구하는 하나의 전략은 이성을 통해 물체의 현존을 증명할 수 있음을 보여주는 것이다. 그는 물체의 본질적 속성이 연장이란 것을 명석판명하게 지각한다고 주장한다. 그가 상상력과 감각으로부터 끌어내는 논거들은 그의 지성적인 능력들이 정신 외부의 어떤 것과 연관되어 있는 듯하다는 느낌을 보여주기 위한 것으로 생각된다. 상상력에서 끌어내는 논거는 물체의 현존을 개연적으로 추측케 하는 반면, 감각으로부터 끌어내는 논거는 쉽게 믿을 수 있다.

그가 물리학에 관한 저술들에서 따르는 또 하나의 전략은 우리가 물체를 존재하는 것이고 본질적으로 연장된 것이라고 생각할 수 있으며 우주에 대한 전체적인 물리학적 설명을 확립할 수 있다는 점을 단순히 보여주는 것이다. 만약 이런 설명이 만족스럽고 완벽하다면, 물체가 존재하며 본질적으로 연장된 것이라는 가정에 의문을 가질 이유가 없게 된다.

Sixth Meditation(2)
정신-신체 이원론

　　성찰자는 '내'가 어떤 특수한 권리로 '나의 것'이라고 부른 이 신체가 다른 물체보다 더 밀접하게 '나'에게 속해 있다고 믿은 이유에 관해 곤혹스러웠던 부분을 깊이 생각한다. 왜 '나'는 신체 밖의 다른 물체에서가 아니라 신체의 지체에서 고통과 간지럼을 느끼는 것일까? 위(胃)의 동요와 음식을 먹는 결정과는 명백한 연관이 없는데도 왜 신체 속에서 일어나는 위의 동요는 '나'에게 음식을 먹도록 하는 것일까? 결론은 '내'가 감각적 대상에 대해 판단했던 것들은 어떤 논거도 고찰하기 전에 이미 '내 안'에 자리 잡고 있었기 때문에 자연이 가르쳐주었다고 생각했다는 것.

　　제1성찰에서 이런 가정들에 대해 의문을 품었던 성찰자는 물질적 사물들이 '내'가 자연스레 생각하게 되는 모습으로 존재한다는 것을 의심할 이유는 많이 있다. 그러나 '나 자신'과 '내 기원의 작자'를 더 잘 알고 있는 지금은 감각으로 얻은 것을 무조건 인정해서는 안 되지만, 그렇다고 전적으로 의심할 필요도 없다. 첫째, '나'는 본질적으로 생각하고 있는 것일 뿐이란 사실을 명석판명하게 지각한다. 물체는 본질적으로 연장된 것이고, 정신은 연장된 것이 아니다. 따라서 '나'는 실제로 '나의' 신체와는 다르고 신체 없이 존재할 수 있다는 결론을 내릴 수 있다.

성찰자는 상상력과 감각적 지각이 사유의 양태들이라고 추론한다. '나'는 상상력이나 감각적 지각이 없이도 '나'를 인식할 수 있다. 따라서 이것들은 '나'에게 본질적인 것이 아니다. 그러나 상상력과 감각적 지각은 '나'—그것들을 담는 지성적 실체, 즉 정신—없이는 존재할 수 없다. 마찬가지로 연장의 양태들도 그것들을 담는 물체 없이는 존재할 수 없다.

수동적 능력인 감각적 지각은 그것들을 야기하는 어떤 능동적 능력이 틀림없이 '내 안'이나 다른 실체 속에 존재하지 않으면 쓸모가 없는데, 사실 '내 안'에는 있을 수 없다. 그것은 '내' 협력 없이도 심지어는 '나의' 의지에 반해서도 생기기 때문이다. 따라서 '나'와는 다른 그 실체는 감각적 지각들이 지닌 표상적 실재성만큼 형상적 실재성을 가진 다른 물체들, 또는 그런 지각들을 창조할 수 있는 신이나 다른 존재일 것이다. 성찰자는 감각적 지각들이 그 지각들과 유사한 사물들에 의해 창조된 것이라고 자연스럽게 믿는 경향이 있다. 만약 그 지각들이 물질적 사물이 아닌 다른 것에서 유래한다면 그는 기만당할 것이다. 신은 기만자가 아니기 때문에 그를 잘못 인도해서 존재하지 않는 물질적 사물들이 존재한다고 생각하게 하지는 않을 것이므로 그 물질적 사물들은 틀림없이 존재한다고 결론짓는다. 그러나 물질적 사물은 '내'가 감각을 통해 파악하는 그대로 존재하지 않을 수 있다. 감각적 지각이란 종종 애매모호하기 때문이다. 그러나 적어도 '내'가 명석판명하게 지각하는 특성들에 대해서는 확신할 수 있다.

이어 성찰자는 신은 기만자가 아니기 때문에 '나의' 의견 속에 허위가 있다면 그것을 교정할 능력도 주었을 것이라면서 애매모호하게 지각하는 물체에 대해서도 진리에 이를 수 있다는 희망을 갖는다. 첫째, 자연은 고통을 느낄 때는 상태가 좋지 않고, 허기나 갈증을 느낄 때는 음식이나 물을 필요로 하는 신체를 갖고 있다는 것을 '나'에게 아주 분명히 가르쳐준다. 게다가 정신(나)과 신체는 거의 혼합되어 일체를 형성하고 있다는 것도 가르쳐준다. 만약 선원이 배 안에 있는 것처럼 정신이 신체 속에 있다면, '나'는 상처를 입었을 때도 고통을 느끼지 않고 마치 배가 일부 파손되었을 때 선원이 눈으로 그것을 지각하듯 그저 순수한 지성적 인식력을 통해 지각하고 말 것이다. 그러나 '나'는 정신 자체가 고통받는 것처럼 이런 감각들을 직접 생생하게 느낀다. 이런 감각들에 관한 애매한 사유 양태는 정신이 신체와 결합되고 혼합되어 무심하게 그것을 바라볼 수 없기 때문에 생겨난다.

여기서는 물체의 현존에 대한 논거를 감각을 이용해서 이끌어낸다. 감각적 지각들은 '나 자신', 아니면 어떤 사람이나 물체, 혹은 신에 의해 창조되는 것이 분명한데, '나'는 이런 지각들을 창조하는 것을 모르기 때문에 '나'는 배제된다. 그리고 그 지각들은 강력하게 '나의' 의지와는 관계없이 '나'를 엄습하기 때문에 '내'가 배후의 창조적인 힘이라고는 생각할 수 없다. 이런 사실은 감각적 지각들이 어떤 외부의 원인을 갖고 있다는 충분한 증거가 되고, '나'는 그런 지각들과 유사한 물질적 사물로부터 유래한다고 자연스럽게 믿게 된다. 신은 기만자가 아니므로 이 같은 경향성을 '내'게 부여해서 '나'를 속이지는 않을 것이 분명하다. 따라서 물질적 사물들은 외관과 유사한 어떤 것이 틀림없다는 결론이 된다.

감각적 지각은 어떤 외부의 근원에 의해 '야기되는' 것이란 논의는 서양 철학사에서 중요한 전환점이 된다. 정신은 주변 물체들의 세계와는 확연히 구별된다. 정신과 신체는 공통적인 것이 전혀 없고, 따라서 완전히 구별되는 두 가지 실체인 것이 분명하다고 성찰자는 주장한다. 우리는 클라크 켄트(Clark Kent)와 슈퍼맨이 전혀 다르지만 똑같은 사물이라고 지적할 수 있고, 유추를 통해 정신과 신체가 똑같은 사물을 바라보는 아주 다른 두 가지 방식일지 모른다고 주장할 수 있다. 그러나 정신과 신체는 본질적 속성들조차 다르다. 신체는 본질적으로 연장된 것이지만, 정신은 연장된 것이 아니고 본질적으로 사유하는 것이다. 이 두 가지가 완전히 다르기 때문에 '나'는 신체가 아니라 정신일 뿐이다. 이것은 제2성찰의 *sum res cogitans*란 진술보다 한 걸음 더 진전된 것이다. 거기에서는 '나'는 생각하고 있는 것임을 알고 있을 뿐이라고 단언했던 성찰자가 지금은 '나'는 생각하고 있는 것일 뿐임을 알고 있다고 진술하기 때문.

정신과 신체의 확연한 구별은 소위 '정신-신체 이원론'인데, 그 후 서양 철학에 엄청난 영향을 주었다. 만약 감각적 경험이 정신 속에 존재하고 그 감각들을 야기시킨 물체들이 세상에 있다면, 어떻게 이것들이 인과적으로 상호작용할 수 있을까? 정신과 세계는 어떤 연관이 있을까? 이 의문은 특히 데카르트의 뒤를 잇는 합리주의 철학자들—말브랑슈*, 스피

---

* **말브랑슈**(Nicolas de Malebranche, 1638-1715): 프랑스 철학자, 사제. 신의 본성은 증명을 요하지 않는 직접적인 확실성을 지니며, "신 안에서 모든 것을 본다"고 주장했다.

노자*, 라이프니츠** 등—뿐만 아니라 그 이후 일반적인 정신
철학의 커다란 관심거리였다. 정신과 세계를 완전히 구별되
는 것으로 간주하면, 정신은 신체 안에 갇혀 있는 것으로 생
각되어 감각적 표면의 인과적인 접점을 통해 들어오는 것 이
외에는 세상에 대해 알 수 없다. 제2성찰(2)의 '풀어보기'에
서 언급했듯 정신-신체 이론원에 의해 생겨난 인과적 접점
이 의문시되기 시작한 것은 이제 겨우 100년이 되었다.

---

*   **스피노자**(Baruch Spinoza, 1632-77): 네덜란드 철학자. 범신론(汎神論) 사상을 역설
     하면서도 정작 무신론자이자 유물론자였다. 주요 저서는 〈에티카〉 등.
** **라이프니츠**(Gottfried W. Leibniz, 1646-1716): 독일 철학자, 수학자. 수학·논리학·신
     학·역사학 등에 많은 업적을 남김. 미적분법에 관한 연구는 미분법과 적분법의 기초가
     되었다. 주요 저서는 〈단자론(單子論)〉 등.

Sixth Meditation(3)
제1, 2성질들

비록 성찰자는 '나의' 신체에 대한 결론에 도달할 수 있고 수많은 감각적 지각들의 근원인 다른 물체들도 존재한다고 결론지을 수 있지만, 물질적 사물들에 대해 섣불리 판단하면 안 되는 몇 가지 주장이 존재한다. 예를 들어, 어떤 물체 속에는 '내'가 지각하는 열기, 색깔, 맛과 전적으로 유사한 어떤 것이 있다고 주장할 수 없다. 정신과 신체의 합성체로서의 자연은 '나'에게 쾌락을 추구하고 고통을 회피하라고 가르쳐주지만, 감각적 지각에만 근거해서 물질적 대상들에 대해 어떤 결론을 끌어내도록 가르쳐주지는 않는다. 그런 것들에 대한 올바른 판단은 감각이 아니라 지성에만 의존한다. 따라서 불에 접근하면 열기나 고통을 느끼지만, 그렇다고 불 속에 열기나 고통과 유사한 것이 들어 있다고 추론하면 안 된다. 사실 감각은 어떤 것이 이롭고 어떤 것이 해로운지에 대해서만 알려주며, 이런 점에서는 충분히 명석판명하다. 이처럼 감각적 지각은 매우 모호한 정보만을 알려줄 뿐인데도 우리는 그 지각을 마치 우리 외부에 있는 물체의 진정한 본성이나 본질을 직접 인식하기 위한 확실한 규칙인 양 사용하기 때문에 오류를 범하게 된다.

그러나 우리는 심지어 우리에게 해로운 것에 관해서도 오류를 범할 때가 종종 있다. 예를 들면, 환자가 해가 될 줄 알면서도 어떤 음식이나 물을 섭취하려고 드는 경우다. 성찰자는 이 난제에 답하기 전에 물체는 분리될 수 있는 반면, 정신은 분리될 수 없다는 사실을 지적한다. 연장적인 사물들은 작은 부분으로 쪼갤 수 있는 반면, 정신은 결코 그렇게 쪼갤 수 없다는 것. 상상하고, 감각하고, 의지하고, 이해하는 등의 다양한 능력들은 정신의 부분이 아니다. 하나의 동일한 정신이 상상하고, 감각하고, 의지하고, 이해하는 것이기 때문이다. 따라서 완전히 불가분적인 정신과 가분적인 신체는 완전히 다른 것임이 명백하다. 게다가 정신은 신체의 모든 부분으로부터 영향을 받는 것이 아니라 뇌의 아주 작은 부분으로부터만 영향을 받는다. 데카르트 시대에는 모든 감각적 지각들을 정신에 전달하는 송과선(松科腺)이 '공통' 감각의 근원이라고 여겼다. 따라서 성찰자는 송과선만이 감각적 내용을 신체에서 정신으로 전달할 수 있다고 결론짓는다. 그렇다면, 신체의 또 다른 부분의 감각은 신체를 통해 송과선으로 전달되는 것이 분명하다. 게다가 이런 전달들은 제한된 표현 영역을 가진 신경신호에 의해 일어난다. 이 모든 사실을 조합해 보면 신체가 종종 올바른 감각 내용을 정신에 보내지 못한다는 말이 된다.

성찰자는 전체적으로 제1성찰에서 의심을 품었던 사물들에 대해 완전히 확신할 수 있게 되었다고 결론짓는다. 감각은 신체에 해로운 것보다는 이로운 것을 지시해서 우리가 세상을 잘 살아가도록 도와주며, 의심스러운 경우에는 지성이나 기억을 사용해서 감각적 지각들을 이중 점검할 수도 있다는 것. 그는 기억이 꿈과 연관된 의심을 일축할 수도 있다고 언급한다. 깨어 있을 때 '나'에게 일어나는 일은 기억에 의해 다른 모든 삶의 활동과 연계될 수 있지만, 꿈속에서는 그렇지 않고 어느 정도 되는대로 발생한다는 것이다. 신은 기만자가 아니기 때문에 '나'는 정신을 조심스럽게 기울이는 한, 잘못된 판단으로부터 안전하다.

: 풀어보기

데카르트는 열기, 색깔, 맛 같은 성질과 크기, 형태, 결(texture) 같은 성질을 중요하게 구별한다. 후자는 제1성질이고, 전자는 제2성질이다. 성찰자는 물질의 제1성질들을 명석판명하게 지각할 수 있기 때문에 이것들에 관해 확신할 수 있다. 이것들은 모두 기하학적 성질들이고 공간에 있는 물체의 연장과 관계되며, 연장은 본질과 연관된다. 반면, 비(非)기하학적이고 애매모호하게 지각될 수 있을 뿐인 제 2성질들에 관해서는 종종 잘못 인도될 수 있다.

여기서는 감각적 지각과 지성적 지각을 구별하면 도움이 될 수 있다. 감각적 지각은 상상력을 사용하는 반면, 지성적 지각은 이해력을 사용한다. 제6성찰(1)에서 천각형을 논할 때, 상상력은 기하학적 도형에 대해 애매모호한 시각적 표상만을 줄 수 있으나 지성은 아무리 많은 변을 가진 도형이라도 명석판명하게 지각할 수 있다는 결론을 내렸다. 마찬가지로 지성은 물체의 제1성질들이 연장과 관계되기 때문에 제1성질들을 포착할 수 있다. 그러나 제2성질을 상상력과 분리시킬 수 있는 명백한 방법은 없다. 빨강의 시각적 외관을 생각하지 않으면서 빨간 색을 쉽게 생각할 수 없는 것이다.

데카르트가 제2성질들의 존재론을 어떻게 판단하고 있느냐에 대해 두 가지 모순된 해석이 존재한다. 하나는 제2성질들이 배타적으로 정신에만 존재하고 물체에는 존재하지 않는다고 말하는 소위 감각주의다. 이 해석에 따르면, 비록 제2성질들은 세상의 사물들에 의해 야기될지는 몰라도 물질적인 세계의 어떤 것을 나타내지 않는다. 그렇다면, 감각주의는 우리가 빨강을 지각할 때 어떤 의미에서는 정신이 빨강이라고 암시하는 것 같다. 이 주장은 매우 기묘하게 들리며, 우리가 그것을 어떻게 이해해야 하는지도 아주 분명하지 않다.

또 하나는 제2성질이 물체와 정신 모두에 매우 다른 방식으로 존재한다고 말하는 물리주의다. 예를 들면, 색깔은 빛을 반사하는 표면의 결들처럼 물체 속에서 드러난다. 우리는 표면의 결을 색깔이라고 부르기가 거북스러울지 모르지만, 물리주의 논거의 요점은 제2성질이 물체들 자체에 현존한다는 것이 아니라 표면의 결은 색깔 감각을 정신 속에 현존시키는 것이라고 암시한다.

우리는 감각주의자와 물리주의자가 제2성질들이 물질적 대상들 속에 존재하고 있지 않지만 대상들에 의해 야기된다는 점에는 동의한다는 사실을 주목해야 한다. 논란은 우리가 정확히 색깔, 맛, 소리 등을 무엇이라고 불러야 하느냐에 관한 것이다. '빨강'을 감각주의자는 감각, 물리주의자는 표면의 결이라고 말하고 싶어한다.

제1성질을 감각적으로 지각하기 위해서는 상상력을 어떻게 사용할 수 있고, 지성적으로 지각하기 위해서는 지성을 어떻게 사용할 수 있는지에 대해서는 이미 설명했다. 게다가 우리는 제2성질을 감각적으로 지각하기 위해서는 상상력을 어떻게 사용할 수 있는지에 대해서도 알고 있다. 그러나 제2성질에 대한 지성적 지각이 무엇에 있느냐에 관해서는 여전히 의문이 남는다. 물리주의자는 지성적 지각이 대상들의 표면의 결을 지각하는 것에 있다고 암시할 것이다. 이런 종류의 지각은 제2성질들 자체를 간접적이고 애매하게 이해하도록 해줄 수 있을 뿐이다. 왜냐하면, 표면의 결이란 제2성질들 자체가 아니라 그 원인이기 때문이다. 감각주의자가 제2성질들의 애매모호한 본성을 어떻게 설명할지는 그리 분명하지 않지만 감각을 정신의 양태로 이해할 수 있다고 암시할 것이다.

　　데카르트는 우리의 감각들이 오류를 범할 수 있는 이유에 대해 매우 재미난 설명을 하면서 끝을 맺는다. 우리의 지성과 의지는 옳은 것과 그른 것을 판단하게 되어 있고, 그 임무에 필요한 자질을 잘 갖추고 있다. 그러나 감각은 오직 우리가 세상을 살아가도록 도와줄 뿐이고 정확한 판단에 필요한 준비는 갖추고 있지 않다. 따라서 감각이란 우리에게 세상의 모습에 대해 훌륭한 단서들을 제공할 수는 있지만 물체의 본성에 대한 진리를 추구하는 도구로 사용해서는 안 된다는 것이다. 그것은 지성에 남겨진 최적의 임무다.

Review

다음 질문에 대해 간단히 서술하시오.(ㅡ부분은 참고만 할 것)

1. 성찰자는 제1성찰에서 보편적인 꿈의 가능성을 암시하고자 하는가, 아니면 꿈을 꾸는 보편적 가능성을 암시하고자 하는가? 다시 말해, 인생 전체가 하나의 커다란 꿈이 될 수 있을 것이라고 암시하는가, 아니면 단순히 우리가 알고 있는 모든 것에 대해 어떤 주어진 순간에 꿈을 꾸고 있을 수 있다고 암시하는가?

   ㅡ 이 질문에 대해 정해진 대답은 존재하지 않으며, 해석자들 사이에 논란이 되고 있다. 아마 데카르트의 폭넓은 계획과 좀더 일치하는 해석은 꿈을 꾸는 보편적 가능성일 것이다. 우리는 이 관념, 즉 의심의 척도를 지식과 세계를 모두 없애지 않으면서 감각들에 대한 아리스토텔레스의 신뢰에 의구심을 품는다는 의미로 간주할 수 있다. 만약 성찰자가 보편적인 꿈의 가능성을 암시하고 있다면, 아리스토텔레스의 인식론 훨씬 이상의 것을 일소하고 있는 것일 수 있다. 또한 꿈의 논거에서 생겨나는 화가에 관한 유추는 우리가 상들을 이끌어낼 수 있는 사물들이 이 세상에 존재한다는 사실에 의존하는 것 같은데, 이는 성찰자가 아직 물질적 세계의 개념을 완전히 버리지 않았다는 암시가 된다.

2. 제1성찰의 의심을 그만두게 하는 것은 무엇인가? *cogito*를 뒷받침해 주는 추론의 종류는?

— 이 중대한 질문에 답하기는 매우 어렵다. "나는 생각하고 있다. 고로 나는 존재한다"라는 고전적 표현을 삼단논법으로 해석하기 쉽지만 정확한 해석이 아닐 수 있다. 어쨌든 이 표현은 성찰자가 합리적인 사고조차 의심 속에 내던졌을 때 머리에 떠오른 것이며, '*cogito*'는 추론보다는 직관을 의미할 가능성이 높다. 수수께끼인 부분은 성찰자가 '*cogito*'를 '명석판명한 지각'이라고 부르면서도 나아가 신이 현존한다는 것을 입증한 경우에만 명석판명한 지각들에 대해 확신할 수 있다고 암시한다는 점이다. 만약 그것이 사실이라면, '*cogito*'는 〈성찰〉의 좀더 뒷부분에 가서야 확인되는 것이다.

3.　밀랍 논거가 보여주는 것은 무엇인가? 그것을 통해 무엇을 보여주려는 의도인가? 밀랍 논거는 성공적인가?

— 밀랍 논거는 정신이 물체보다 더 잘 인식된다는 것을 보여주기 위한 것이고, '내'가 물체에 대해 알고 있는 모든 것은 감각들이 아니라 지성적인 지각을 통해 알고 있다는 것을 암시함으로써 그것을 보여준다. 모든 사유 행위는 '내'가 생각하고 있는 것이란 사실을 암시하기도 하는 '*cogito*'를 강화해 주기 때문에 '내'가 '나의' 정신을 좀더 밀접하게 이해하도록 해준다. 그러나 이 평가의 정확성에 대해서는 의구심을 품을 수도 있다. 모든 사유 행위가 '*cogito*'를 강화할지는 모르지만, 매번 '내'가 '나의' 정신을 좀더 밀접하게 이해하도록 해준다는 의미가 아니라 단지 내가 존재한다는 한 조각의 똑같은 지식을 강화할 뿐인 것이다. 그러나 정신이 물체보다 더 잘 인식된다는 데카르트의 말은 어쩌면 지식의 품목을 생각하기보다는 단순히 정신이 더 판명하게 인식되며 정신의 존재를 계속 강화하면 판명한 지식을 주는 데 도움이 될지 모른다는 의미일 수 있다.

4. 데카르트 순환을 설명하고 분석하라. 데카르트는 순환 추론의 죄를 범하고 있는가?

5. 형상적 실재성과 표상적 실재성의 차이를 설명하라. 어떤 사물이 어떤 종류의 실재성을 갖고 있는가?

6. 신의 존재에 대한 두 가지 증거를 분석하고 평가하라. 두 가지는 어떻게 다른가? 한쪽이 다른 쪽보다 설득력이 있는가? 데카르트가 두 가지 증거가 필요하다고 생각한 이유는? 두 가지 증거는 그의 작업에서 다른 역할을 하는가?

7. 데카르트에 따라 지성과 의지의 관계를 설명하라. 우리가 잘못을 저지를 수 있는 이유는?

8. 완벽하고 신성한 창조자를 가정한다면, 데카르트는 인간의 오류에 대해 만족할 만한 설명을 하고 있는가? 데카르트의 논거는 설득력이 있는가, 아니면 신이 결점을 지닌 우리를 창조했다는 말이 여전히 불필요하고 완벽하지 못하다고 여겨지는가?

9. 정신과 신체는 어떻게 상호작용을 하는가? 신체는 어떻게 정신에 영향을 주는가? 정신은 육체에 어떻게 영향을 주는가?

10. 제1성질과 제2성질을 구분해 설명하라. 우리는 그 성질들을 어떻게 지각하고, 그것들에 대해 어떤 종류의 지식을 갖는가?

다음 질문에 알맞은 답을 고르시오.

1. **다음 중 합리적인 의심으로 인정되지 않는 것은?**
   A. 성찰자는 꿈을 꾸고 있을 수 있다.
   B. 성찰자는 신에게 기만당할 수 있다.
   C. 성찰자는 미칠 수 있다.
   D. 성찰자는 사악한 악마에게 기만당할 수 있다.

2. **다음 중 'cogito'의 설명은?**
   A. 나는 걷는다고 생각한다. 고로 나는 존재한다.
   B. 나는 걷는다고 생각한다. 고로 나는 걷는다.
   C. 나는 걷는다. 고로 나는 존재한다.
   D. 나는 걷는다. 고로 나는 걷는다.

3. **제2성찰의 끝부분에서 성찰자가 확신하지 못하는 것은?**
   A. 나는 존재하고 있다.
   B. 나는 생각하고 있는 것이다.
   C. 신은 존재한다.
   D. 나는 나의 육체를 알고 있는 것보다 나의 정신을 더 잘 알고 있다.

4. **다음 중 〈성찰〉의 예문으로 사용되지 않은 것은?**
   A. 밀랍조각
   B. 그림
   C. 키메라
   D. 낚싯줄

5. 가장 확실한 종류의 지각은?

    A. 시각적 지각

    B. 명석판명한 지각

    C. 애매모호한 지각

    D. 상상력

6. 바위는 어떤 종류의 실재성을 가지고 있는가?

    A. 유한한 형상적 실재성

    B. 유한한 표상적 실재성

    C. 양태적인 표상적 실재성

    D. 양태적인 형상적 실재성

7. 신의 관념은 어떤 종류의 실재성을 가지고 있는가?

    A. 양태적인 표상적 실재성

    B. 무한한 형상적 실재성

    C. 무한한 표상적 실재성

    D. 유한한 형상적 실재성.

8. 개의 관념은 어떤 종류의 실재성을 가지고 있는가?

    A. 무한한 표상적 실재성

    B. 양태적인 형상적 실재성

    C. 유한한 형상적 실재성

    D. 양태적인 표상적 실재성

9. 가장 표상적인 실재성을 가지고 있는 것은?

    A. 거북이

    B. 신에 대한 공포

    C. 거북이의 관념

    D. 신의 관념에 대한 관념

10. 가장 형상적인 실재성을 가지고 있는 것은?

    A. 거북이

    B. 신에 대한 공포

    C. 빨간색

    D. 온도

11. 빨간색은 어떤 종류의 사물인가?

    A. 본질적 속성

    B. 실체

    C. 포괄적 속성

    D. 양태

12. 어떤 종류의 사물이 지속인가?

    A. 본질적 속성

    B. 실체

    C. 포괄적 속성

    D. 양태

13. 정신의 본질적 속성은?

    A. 사유

    B. 이해력

    C. 연장

    D. 의지

14. 다음 중 실체가 아닌 것은?

    A. 물체

    B. 색깔

    C. 신

    D. 정신

15. 다음 중 양태가 아닌 것은?

    A. 빨간 것
    B. 상상력
    C. 조약돌
    D. 부드러움

16. 다음 중 참이 아닌 것은?

    A. 신이 존재하므로 명석판명한 지각은 참이다.
    B. 내가 명석판명하게 신을 지각하므로 신은 존재한다.
    C. 도와주세요! 우리가 순환 추론에 빠졌습니다.
    D. 데카르트는 추론할 때 결코 실수하지 않는다.

17. 인간의 오류에 책임이 있는 능력의 조합은?

    A. 상상력과 감각들
    B. 의지와 이해력
    C. 상상력과 의지
    D. 이해력과 감각

18. 우리가 실수하는 이유는?

    A. 신이 우리를 속이고 있기 때문
    B. 우리가 이해하지 못한 사물들에 대해 판단을 내리기 때문
    C. 우리의 이해력에 결점이 있기 때문
    D. 우리의 의지가 자유이기 때문

19. 신의 본질적 특성은?

    A. 현존
    B. 연장
    C. 사유
    D. 사내

20. 다음 중 제1성질은?

    A. 크기

    B. 색깔

    C. 맛

    D. 열기

21. 다음 중 제2성질은?

    A. 크기

    B. 형태

    C. 소리

    D. 너비

22. 신체는 어떻게 정신과 접촉하는가?

    A. 두뇌를 통해

    B. 송과선(松科腺)을 통해

    C. 둘은 서로 다다를 수 없다.

    D. 신경체계를 통해

23. 모든 물체가 공통으로 가지고 있는 것은?

    A. 색깔을 가지고 있다.

    B. 지각될 수 있다.

    C. 상상될 수 있다.

    D. 연장된다.

24. 다음 중 물체가 아닌 것은?

    A. 빈 공간

    B. 기하학적 공간

    C. 액화질소

    D. 해당 사항 없음

25. **감각들의 목적은?**

A. 우리를 인도해 진실로 나아가게 한다.

B. 우리가 세상을 살아가는 데 도움을 준다.

C. 우리를 기만한다.

D. 제2성질들을 지각한다.

一以貫之

논술노트

'나'는 사유하는 것　O

실전 연습문제　O

一以貫之는 '논어'에 나오는 말로 '모든 것을 하나의 이치로 꿴다'는 뜻입니다.

논술의 주제와 문제 유형, 제시문들은 참으로 다양하고 가지각색입니다. 그러나 그 모든 것을 하나로 꿸 수 있습니다. '인간사회의 보편적 문제들에 대한 근원적인 물음에 답하는 자기 나름의 견해'라는 것이지요. 논술은 인간이면 누구나 부닥치는 개인적 또는 사회적 문제들에 대한 자기 나름의 고민이자 성찰입니다. 논술은 자기견해, 자기 가치관, 자기 삶에 대한 솔직한 고백입니다.

一以貫之 논술연구모임은 '자신의 물음'과 '자신의 생각'을 갖고 '자신의 글'을 쓸 수 있도록 도와줍니다.

〈집필진〉
전경훈, 김재년, 이호곤, 우한기, 박규현, 김법성, 김병학, 도승활, 백일, 우효기, 조형진

'나'는 사유하는 것

Ⅰ. '성찰'을 위한 성찰

1. 무대를 믿은 배우

인간은 누구나 무대 위를 살아간다. 그는 눈을 뜨고 세계를 보고, 세계 안에 들어앉은 자신을 본다. 나는 누구이고, 무엇을 해야 하는가? 좀더 정확히, 이 세계에서 나는 무엇을 할 수 있고, 무엇을 할 수 없는가? 인간은 저마다 세계의 깊이와 두께, 넓이, 그리고 속살은 다르지만, 자신이 처한 세계의 속살을 온 몸으로 비비면서 그런 물음들을 스스로 던지고 답하며, 그 답에 따라 살아간다. 그는 자신의 가능성을 자신이 지각하는 세계 안에서 찾는다. 따라서 한 인간의 삶의 한계는 그가 스스로를 놓는 무대, 바로 세계의 한계다.

'나무'라는 사물이 누군가에게는 목재라는 세계로, 누군가에게는 그늘을 드리우는 쉼터로, 누군가에게는 그네를 매달 수 있는 놀이의 세계로 나타난다. 영구불변하는 하나의 세계란 없으며, 그때그때 그가 만날 수 있는 가능성 만큼

인 셈이다. 갑돌이의 세계와 갑순이의 세계가 다르고, 개의
세계와 고양이의 세계가 다르다. 갑돌이의 오늘 세계와 내
일 세계는 다를 수 있으며, 갑순이와 개와 고양이도 마찬가
지다. 또 그러한 각자의 세계란 각자가 세계와 만날 수 있는
가능성의 깊이와 넓이만큼의 세계다. 그렇게 세계란 인간이
마주한 '그러한 의미를 지닌' '가능성의 세계'인 터다.

이 지구상에서는 다양한 세계를 구성할 수 있는 인간
만이 이러한 차이와 떨림을 지닐 수 있다. 인간이 세계를
만나고 살아갈 때, 그 독특한 방식인 상징화(symbolization)
의 능력이 이러한 사정에 깊숙이 관여한다. 인간은 세계를
상징화한다. 사과를 먹기 위해 대상을 상징화하고, 배설하
기 위해 자기 자신의 행위를 상징화한다. 세계를 상징화한
다는 말은 인간이 세계와 관계를 맺을 때 '있는 그대로의
세계와 만나는 것'이 아니라 '상징을 매개로 만나는 것'을
일컫는다. 이 점에서 무속이나 예술, 과학은 근원적으로 같
은 꼴을 지니고 있다. 제 아무리 세계를 이해하거나 표현하
는 방식이 달라도, 세계를 그 나름의 방식대로 상징화한다
는 점에서는 같은 꼴인 것.

인간은 각자의 시간과 공간에서 자기 나름의 상징체계
를 품고 있으며, 그것은 마치 지도처럼 세계를 이해하고 살
아가는 데 도움을 준다. 문제는 어떠한 상징체계 속에서 세
계를 만나느냐에 따라 그가 만나는 세계가 전혀 달라진다

는 데 있다. 지도가 달라지면 그가 서 있는 위치와 그 위치를 감싸고 있는 더 넓은 지리적 세계에 대한 이해가 달라질 뿐만 아니라 어디로 가야 하며 어떤 방위를 선택해서 이동할 경우 어떤 세계가 펼쳐질지에 대한 이해도 달라진다.

한 인간의 앞에 상징의 지도가 두 개 놓여 있다고 가정해 보자. A와 B는 전혀 다른 형태의 지도다. 조선시대 풍수지리설에 기초한 지도와 근대의 지도를 떠올려 보면 이해가 쉬울 게다. 한 사람은 A지도를, 또 한 사람은 B지도를 머릿속에 품고 세상을 살아간다. 두 사람의 세계는 다를 수밖에 없을 터. 두 사람의 세계가 다름은 그네들의 세계 이해와 세계 실천이 다름을 의미한다. 한 사람에게 A지도와 B지도가 주어졌다면 둘 사이를 꼼꼼히 비교해서 어느 하나를 선택해야만 하는 상황에 놓일지도 모른다. 그러나 우리네 삶에 단단한 주춧돌처럼 놓인 상징체계들은 보통 선택지로 주어지지 않는다. "어떤 상징체계를 믿을 것인가?"란 질문은 보통사람들에겐 그렇게 쉽게 던져지지 않는 질문이다. 무대를 상징체계에 비유한다면, 배우가 무대 위를 살아가는 이상, 개별 상징은 선택할 수 있지만 상징의 체계 자체는 선택할 수 없다. 상징체계란 그가 자리 잡고 있는 세계 전체의 의미뿐만 아니라 그 자신의 존재의미 자체에도 촘촘히 그물망을 드리우고 있기 때문이다.

상징체계 속의 사람에게 그것은 반성의 대상이 되

지 못한다. 반성은 거울보기에 비유할 수 있다. 反省과 reflection이란 말을 뜯어보면 反과 re가 '되-'라는 의미를 지니고 있다. 반성이란 '되-돌아봄'을 의미한다. 사람들은 자신의 바깥에 있는 모든 사물과 존재, 일어난 사태에 대해 의미를 부여하고 판단할 수 있지만, 제 자신을 '되-돌아보기' 전에는 제 자신에 대해 무지하다. 이를테면, 눈이 모든 것을 볼 수 있지만 제 자신을 보지 못하는 것과 마찬가지다. 눈은 제 자신과 '거리'를 둘 수 없기 때문이다. 따라서 제대로 자기 자신을 보기 위해선 거리 확보가 필수적이다. 반성의 경우도 마찬가지다. 눈이 눈을 반성하기 위해선 거울을 통해 자기 눈을 바라볼 수 있는 거리를 확보해야 한다. 동서양을 막론하고 반성이 거울보기에 비유되는 연유가 바로 이 때문이다. 우리가 하루의 일을 되-돌아보려면, 혹은 자신의 판단과 행위를 되-돌아보려면, 그때-그곳으로부터 떨어져 나와 시공간적 거리를 확보한 다음 다시 그때-그곳으로 시선을 던질 때에야 비로소 그것이 가능해진다.

따라서 반성을 위해선 거리가 확보되어야 하지만, 대부분의 사람들은 반성 없이 살아간다. 색을 분별해내는 작동을 하는 것이 눈이라면, 세계를 읽어내고 의미를 부여하는 작동을 하는 문법에 해당되는 것이 상징체계다. 예컨대, 우리는 영어의 문법 자체에 대해 이의를 제기하고서 영어를 배울 수는 없다. 우리말을 배울 때도 그렇다. 그저 영어로 써진 책이나 우리말을 보고 듣고, 문법의 틀 안에서 그 의미를 해석해내는 일을 할 뿐이다. 우리가 의식적으로 배워서 알게 된 문법이 아닌 모국어의 경우, 세계에 의미를 부여하는 일에서는 문법이 외국어보다 더 근원적으로 작동한다. 더구나 세계를 이해하고, 더 나아가 그것에 기초해 다른 여타의 문법들을 배우고 따지고 사유할 수 있는 바탕인 모국어 자체를 반성하고 부정하기는 어쩌면 불가능에 가까울지도 모를 만큼 어려운 일이다. 그러한 연유로 우리가 자라면서 내면화한 상징체계를 반성하기는 참으로 어렵고, 설사 가능하다고 해도 세계에 어떤 의미도 부여할 수 없는 까마득한 어둠속으로 스스로 기어드는 꼴이다. 우리가 그렇게 기존의 상징체계를 무너뜨리고 새로운 상징체계를 창조하는 일이 어려운 까닭도 여기에 있다. 요컨대 어떤 상징체계를 지니고 있는 한 세계를 구성하는 일은 사유나 반성의 영역보다 더 깊은 곳에서 우리를 지탱하고 있다.

2. 무엇이 무대를 지탱해 주는가?

세계가 어떠한 개념과 언어로 우리에게 드러나건, 그것은 믿음이라는 단단한 아교로 엮여 있다. 믿음 없이는 그어떤 세계의 구성, 무대장치의 성립도 불가능하다. 내가 생각하는 세계가 바로 내가 살아가야 할 세계라는 믿음, 그 세계 속에서 내가 맡은 배역이 다른 누구도 아닌 바로 나에게 주어진 것이라는 믿음이 모든 인간의 삶에 녹아 있다. 믿음은 우리가 마주한 그 세계가, 달리 어찌할 수 없는 세계임을 드러내는 데 필수적이다. 그러나 이 말이 세계를 단지 그 사람이 생각하는 자의적이고 주관적인 것이라는 암시는 아니다. 생각과 세계란 서로 떼어낼 수 있거나 인과관계처럼 어느 하나를 바꾸면 다른 하나가 바뀌는 관계가 아니다. 둘은 서로에게 녹아 있다. 내 앞에 놓인 컵은 단지 컵이라는 사물로서 내 육체의 물리적 접촉 대상이기만 한 것이 아니라 내 사유 활동, 생각의 결과물인 셈이다. 따라서 세계란 내 삶의 장소임과 동시에 내 사고 활동의 결과물이기도 하다. 인간과 세계는 서로가 원인이자 결과인 것이다. 따라서 인간마다 세계는 미세한 색감의 차이를 보이고, 한 사람의 삶에서 세계는 미세한 차이의 떨림을 지속한다.

사람은 물 한 모금을 마실 때조차 믿음을 필요로 한다. 어떤 사람이 컵 안의 물을 들이키는 경우를 상상해 보자. 그는 컵 안에 든 물이 음용수라는 믿음, 마시지 못할 이물질이 아니라 마실 만한 물이라는 인식이 있을 때만 마실 것이다. 그러한 인식이 자연스레 내 행위 이전의 세계에 놓여 있지 않을 때는 주저하거나 확정되지 않는 세계의 의미를 놓고 서성인다. 물뿐만 아니다. 한 건물 안으로 상상의 발걸음을 옮겨보자. 우리는 건물의 공간에 들어가 스위치를 켠다. 내가 스위치를 작동시켰을 때, 건물의 공간 안에 빛이 들어오리라는 확신은 무엇을 통해 보증될 수 있을까? 다만 그것은 믿음이거나 믿음이 확고하지 못할 때는 추측에 불과하다. 인간은 자신이 그린 세계와 실제의 세계 사이에서 살아간다. 인간의 실천은 언제나 일종의 '사이'에서 벌어지는 셈이다.

그래서 인간에게 세계는 늘 분열되어 있다. 인간의 삶은 두 개, 혹은 보다 더 많은 세계의 분열 속에 놓여 있다. 그러나 이러한 분열을 인정하고서는 그 누구도 세계와 접촉하고 행위하고 살아갈 수 없다. 그런데 확정할 수 없는 세계들 사이에서 마냥 길을 잃고 방황할 수는 없는 노릇이다. 인간은 믿음을 통해 그 방황을 멈추지만, 행위하는 세계와 결과로 드러날 세계 사이에 그 믿음을 필연적으로 보증할 어떠한 확실성도 지니고 있지 않다. 그 이유는 근본적으로 인간이 상징을 통해 세계를 구성하고 살지만, 그렇게 구성된 세계와 천연의 세계 사이에 매울 수 없는 틈이 벌어져 있기 때문이다. 김춘수가 절규했듯, 세계라는 간절히 만나고 싶은 신부(新婦)는 늘 얼굴을 가리고 있다. 그러나 실은 신부가 가리고 있는 것이 아니다. 세계를 읽어내고 구성하고 자신의 뜻을 통해 세계를 창조할 수 있는 인간의 위대한 능력이 역설적으로 면사포가 되어 세계의 얼굴을 가리는 것이다. 그렇다고 언제나 그런 면사포를 인식하거나 인정하면서는 세계를 내 것으로 창조할 수 없다. 그 틈을 메우는 무엇인가가 있어야 한다. 그것이 믿음이다. 요컨대, 믿음은 위대한 인간의 능력이 펼쳐진 장이면 어김없이 숨어 있다.

예를 들어, 인간의 행위뿐만 아니라 우리가 일상에서 매기는 가치에도 믿음은 들어앉는다. 황금의 가치는 고유하고 본질적일까? 황금은 그 가치가 다른 여타의 사물보다 월등하다는 믿음이 근저에 놓일 때 황금이 된다. 화폐는 어떠한가. 믿음이 세계의 의미를 떠받치고 있다는 사실이 가장 극명하게 드러나는 것이 바로 화폐임을 확인할 수 있다. 화폐는 그 자체로는 종이에 불과하다. 화폐의 가치는 사물 자체에 본질적으로 새겨져 있지 않다. 따라서 화폐라는 믿음, 가치에 대한 믿음이 있을 때만 그러한 의미의 세계로 통용된다. 그러한 믿음은 개인적인 것이 아니라 사회적이다. 화폐의 가치가 실재하는 것은 화폐의 내재적 본질이 아니라 화폐를 둘러싼 인간의 믿음이 실재하기 때문이다. 그렇게 본다면 화폐의 가치에도 믿음의 논리가 깊숙이 깔려 있다. 자본주의적 현실주의에서 늘 말하는 화폐도 믿음이며, 화폐를 우상으로 한 물신주의가 그 어떤 종교보다도 강력한 힘을 발휘하는 이유도 이쯤이면 이해가 간다. 화폐는 실제보다 더 강력하게 믿음을 빨아들이는 종교적 마력을 지니고 있다.

그러나 이것이 인간의 믿음을 얕잡아보거나 한갓 가상
으로 전락시키는 이유가 되지는 않는다. 마치 무대 위에서
의 연극처럼 현실보다 더 리얼한 세계일 수도 있다. 우리는
무대 위의 세계가 가상의 세계라며 연극배우를 나무라거
나 무대 위로 올라가 훼방을 놓지 않는다. 무대 위의 배역
과 무대는 정교한 상징들의 체계로 이루어진 하나의 훌륭
한 세계다. 그러나 그 어떤 훌륭한 무대라도 곧 광야나 대
지 자체는 아니며, 무대 위에 불이 꺼지고 어둠이 밀려오면
멋들어진 한 판의 연극이 끝나고, 하나의 세계가 사라진다.

Ⅱ. 구원을 향한 여정

1. 데카르트, 무너지는 세계의 경계에서

데카르트가 살던 시대는 그야말로 붕괴의 시대다. 그
것은 기존의 세계를 지탱하던 믿음의 붕괴에 힘입은 바가
크다. 앞에서 봤듯이 우리는 세계를 믿는다. 믿어야만 살 수
있다. 그러나 믿음의 균열이 곳곳에서 발견된다. 지리상의
발견과 지동설의 발견은 지리적·우주적 세계상을 바꿔놓
는다. 상업의 발전과 부의 재발견은 인간의 욕망에 대한 이

해를 재설정하도록 요구한다. 종교개혁의 움직임은 이성 너머 믿음의 재구성을 요청한다. 그리고 무엇보다 수학과 과학적 세계인식은 인간의 힘에 의한 세계인식이 얼마나 위대한 것인지를 보여주며, 당당히 인간을 우주의 중심에 자리하게 한다. 더구나 정치의 세계 또한 더 이상 윤리적 덕목에 의해 움직이는 조화로운 장소가 아니라 정치권력 자체의 이해가 자기 정당성의 유일한 근거임이 드러난다. 공동체에 대한 이해 역시 이성과 주체에 의한 선택과 결단에 의해 설명되기에 이른다. 이토록 많은 균열들. 그것은 데카르트가 당면한 세계의 균열이다. 그리고 단단한 무대 위에서 하루하루의 일상을 살아가야 하는 인간은 어떻게든 세계를 다시 구성하지 않을 수 없다. 여기에 천재의 역할이 있다.(따라서 어떤 의미에서든 천재는 순전히 자기 스스로의 능력에 의해 탄생하는 것도 아니요, 신이 특정한 천재를 정해 놓고 만들 수 있는 것도 아니다.)

단단히 무대를 지탱하던 기둥이 썩어들어 간다. 세계의 가능 근거가 사라졌다. 단단한 믿음의 뿌리가 사라졌다. 자신이 살던 시대의 단단한 뿌리가 순식간에 썩어들어 가고 있다. 그 뿌리는 곧 자신의 뿌리다. 어떻게든 뿌리를 되살리지 않으면 자신의 존재 가능성마저 순식간에 허공으로 부유하고 만다. 인간은 중력이 있어야만 단단한 대지 위에 두 다리를 딛고 직립할 수 있다. 데카르트는 인간을, 자기 스스로를 단단한 무대 위에 서게 할 시대적 요구를 수행해야 한다.

하나의 세계가 저물어감은 또한 사람들을 엮고 있는 하나의 세계가 사라져감을 의미하고, 인간 존재로서의 자기 자신의 의미뿐만 아니라 서로를 엮는 공통적 세계가 사라지는 결과도 가져온다. 신이 우주의 중심이자 신의 말씀에 따라 모든 것이 설명되었던 중세적 무대가 사라져가는 시기, 데카르트는 자신이 살아야 하는 세계의 재구성을 요청받았고, 사람들을 하나의 세계 위에 살게 했던 하나의 세계관이 사라져가는 문제도 해결해야만 했다.

이런 의미에서 데카르트의 시대는 총체적 불신의 시대이고, 위대한 소크라테스의 시대와 닮았다. 소피스트들의 온갖 회의주의와 상대주의가 사라진 시대. 소크라테스는 도리어 적극적 믿음을 설파했다. 진리와 올바름, 보편성에 대한 확신. 그러나 그것을 추구해 가는 길은 물음이다. 물음이 무엇인가? 의문을 던지는 것, 의심을 품는 것이다. 소크라테스는 그 자신의 위대한 사유의 길을 남긴다. 그 사유의 길 내내 젊은이인 그는 학자나 정치가들에게 줄곧 딴지를 걸며 질문을 던지다가 그 길의 끝에서 올바름과 보편성에 대한 믿음을 만난다. 데카르트 역시 소크라테스처럼 딴지를, 물음을, 의심을, 불신을 적극적으로 던지는 여행을 떠난다. 한 겨울 작은 오두막 화롯불 옆에 앉아서….

2. 방법론적 회의주의

2-1. 적극적 의심

데카르트가 살았던 불신의 시대는 어떤 의미에서 어둠의 시대다. 사람들은 중세를 어둠의 시대로 규정하지만, 중세적 태양은 밝았고 데카르트의 시대에 와서야 그 빛을 잃어가고 있었다.(어떤 의미에서 인간의 문명은 늘 인공태양을 제작해 왔다.) 거대하게 빛나던 중세적 태양, 모든 세계를 따뜻하게 감싸주던 빛이 천천히 식어간다. 하나의 세계가 저물고, 또 하나의 세계가 탄생할 즈음에 어김없이 통과해야 하는 어둠. 데카르트의 시대도 어둠을 통과해 가고 있었다. 그러나 누가, 무엇으로 이 어둠을 몰아내고 빛을 찾아올 것인가. 자연이 아닌 인간의 세계와 역사에서 그것은 결국 인간의 몫이다. 소크라테스가 기존의 세계무대를 적극적인 질문을 통해 깨뜨려 나갔듯이, 데카르트 또한 자신을 둘러싸고 있던 빛들을 하나하나 지워나간다. 말하자면, 제 스스로를 어둠속으로 몰아넣는 것. 의심스러운 것들을 받아들이느니, 차라리 혼자서 유한한 고독 속으로 기꺼이 빠져 들어가는 것이 낫다는 셈이다. 진지하지만 어쩌면 위험할 수도 있는 모험의 길 속으로 순순히 기어들어 가는 것.

2-2. 데카르트가 지워버린 세 가지 빛

　　그는 우선 신체와 감각을 지운다. 그 이전의 서양 전통 철학자들처럼 제 스스로를 극복하는 문제를, 불완전한 신체와 감각을 이성으로부터 떼어놓는 일로부터 시작하는 것이다. 진짜 세계를 알기 위해, 진리를 위해 극복해야 할 것이 있다면 그것은 제 스스로에 붙은 오류의 가능성들일 터. 감각은 특정한 시공간 속에서 우리에게 너무나 변덕스럽게 나타난다. 하물며 우리는 꿈속에서도 감각과 똑같이 느끼지 않는가. 데카르트에게서 감각은 너무나 불완전하여 언제나 신체와 신체가 벗어날 수 없는 시간 속에서 변덕스럽게 변화한다. 당신이라면 변덕스러운 연인을 믿을 수 있겠는가. 늘 나와 함께하지만 신뢰할 수 없는 동반자에게 데카르트는 "No!"라고 단언한다.

　　데카르트는 다음으로 제 자신의 정신을 살피면서 기억을 제거한다. 누구에게나 가끔 기억은 긴가민가다. 이렇게 불완전할 수가! 까마득히 잊고서도 문득문득 떠오르고, 떠오르는 기억도 어둠과 함께 섞여 있다. 어디 그뿐인가. 아뿔싸, 한 사건을 두고도 사람들마다 기억이 제각각이다. 공동체의 기억인 역사는 어떠한가. 하루가 멀다 하고 역사에 대한 논쟁들이 한창이다. 왜 기억을 두고서 나와 우리는 허구한 날 싸우고 난리법석을 떠는가. 회의하기로 작심한 데카르트가 이런 소란과 혼란들을 놓칠 리 없다. 그런데 왜 하필이면 정신의 다른 작용도 아니고 기억에 메스를 댔을까.

기억은 '나'다. 우리 스스로가 생각하는 우리 자신은 기억의 토대 위에서 '그렇게 기억하는' 만큼의 '우리 자신'이다. '내가 누구였는지'는 '내가 누구인지'의 가장 든든한 버팀목이요, '내가 누구여야 하는지'를 열어주는 빛이다. 우리는 그러하다. 기억을 상실하면 나를 상실한다. 그것이 제아무리 가슴 아프고 잊어버리고픈 기억일지라도 우리는 그렇게 기억하는 만큼의 아픔을 끌어안고 성숙해 간다. 따라서 기억은 과거가 아니라 현재이고 미래다. 때문에 데카르트는 우리가 무엇보다 우리 자신과 세계를 인식하고 판단하는 기둥인 기억에 대한 성찰을 가장 중요한 일 가운데 하나라고 보았을 것이다.

나와 세계, 무엇이 진실이고 무엇이 참인가? 만약 누군가가 먼 하늘에서 우리를 내려다보며 그 보편적이고 하나밖에 없는 눈으로 이 난삽한 기억들의 난장에 판결을 내려주었으면…. 누군들 어처구니없는 기억들로 헷갈려본 적이 없겠는가. 영화 *Memento*는 기억의 조작과 오류가 가져다주는 무자비한 삶의 꼬임을 보여준다. 기억하라. 그러나 기억한다고 한들, 그것이 확실하고 자명하다고 누가 보증해 줄 수 있겠는가. 자기에게 겸허한 자는 자신이 지니고 있는 것들부터 메스를 들이대는 법. 기억은 조작될 가능성이 너무도 많은 나머지 확실한 진리를 보증해 줄 수 없다. 이쯤

되면 데카르트는 기억에 기대어 나와 세계를 인지하는 짓이 얼마나 불안해 보였을까. 나아가 그 불안에 메스를 대는 짓은 더 불안한 일이다. 데카르트는 그러나 불안한 일을 멈추지 않는다.

신마저도! 앞에서 데카르트는 신체와 기억을 확실한 진리의 보증수표에서 떼어냈다. 성찰하고 봤더니 신체와 기억은 나 자신에게 더부살이를 하면서 끊임없이 확실한 인식을 방해하고 있었던 셈이다. 우리가 나 자신으로부터 떼어놓고 생각할 수 없는 신체와 기억을 떼어낸 그는 여기서 멈추지 않는다. 나를 성찰하고 정화했으니, 이제는 나의 바깥을 살펴볼 차례. 그리고 진리를 향한 길에서 또 다른 오류의 가능성을 발견하면서 대면한 것은 그 자신에게 세계에 대해 말을 건네던 신이었다.

데카르트의 시대가 어떤 시대인가. 물론, 중세적 세계가 서서히 균열이 나고 있음은 두말할 나위 없지만, 그렇다고 신 자체가 부정되지는 않았다. 데카르트도 신 자체를 부정하지는 않는다. 오히려 신에 대한 절대적 긍정, 믿음을 향한 길을 걷는다는 편이 맞다. 그러나 그가 세 번째로 대면한 오류의 가능성이 신이란 사실은 그의 진리를 향한 열정을 가늠할 수 있게 해준다. 그는 신의 속삭임도 회의의 대상으로 놓는다. 몸과 정신뿐만 아니라 세계의 창조자에게까지…. 그는 묻는다. "신의 목소리가 사실은 악마가 속삭이는 것, 기만하는 것은 아닐까?" 우리 생에 그런 일은 비일비재하다. 누구나 선택의 기로에서 천사로 믿었던 속삭임을 듣고서 후회했던 적이 한 번쯤은 있었으리라. 또 반대로 도저히 가망 없어 보이는 속삭임, 위험의 경고를 따르고서 영웅이 되기도 한다. 잘되면 내 탓, 못되면 조상 탓이라는 말처럼 잘되면 신의 목소리가 되고 못되면 악마의 목소리, 혹은 제 자신의 어리석은 욕망의 목소리라고 정리한다. 무엇이 진짜 신의 목소리인가? 신이 존재한다면 그분의 진짜 목소리는 무엇인가? 신과 악마의 목소리를 분별하는 일은 쉽지 않다. 여기서 데카르트는 모든 목소리가 신의 목소리는 아니라는 회의의 결과와 신은 존재한다는 믿음 위에서 진짜 신의 목소리를 분별해내는 길을 모색한다.

이렇게 데카르트는 한겨울, 밤, 그리고 조그만 오두막의 화롯불 옆에서 진짜를 향해 골몰한다. 사람들이 일상적으로 의지했던 몸과 기억, 그리고 신조차도 회의의 목록에 올려놓음으로써 한겨울 완전한 어둠속으로 스스로를 내몬다. 물음, 끝없는 물음을 던지는 순간, 물음의 대상은 낯선 것이 되고 도대체 종잡을 수 없는 것이 된다. 사랑도, 희망도, 계획도 물음의 틈을 덮는 믿음이 있을 때야만 가능하다. 그러나 그에게 그의 세계는 믿을 수 있는 것이 없다!

3. 회의를 넘은 회의

완전한 어둠속에서 인간은 살아갈 수 없다. 공포 영화를 떠올려 보라. 완전한 어둠속에서 인간이 느낄 수 있는 것은 불안으로 인한 두려움과 공포다. 공포를 일으키는 기본적인 상징이 동서양을 막론하고 어둠인 것은 이 때문이다. 공포 영화의 프레임을 어둠이 채우고 있을 때, 관객은 스크린이 드러내는 작은 소리들, 작은 사물들의 움직임에도 숨을 죽이거나 소리를 지른다. 그것은 의미화되지 않고 포착될 수 없는 무엇으로서 도무지 그 실체를 알 수 없기 때문에 일어난다. 왜 귀신은 밤에만 나타나는가. 왜 뱀파이어는 빛에 닿으면 죽는가. 두려움과 공포는 따뜻한 볕이 세계를 드러내 보여주는 낮이 가고서야 찾아든다. 알 수 없음, 그것이 어둠이고, 어둠은 불안과 공포를 가져다준다. 인간은 무지 때문에 고통받고 두려워할 수 있는 존재다. 그러한 고통의 근원은 세계를 지각하고, 지각한 세계-내에 존재하는 인간성 자체에 있다. 따라서 무대장치가 하나둘 금이 가기 시작한 시대의 한복판에서 작은 오두막의 화롯불에 기대 새로운 무대를 꿈꾸었던 데카르트는 진짜 믿을 수 있는 것을 찾아 나선다.

3-1. 무엇을 믿을 수 있나?

여기서 데카르트는 오늘날 말도 많고 탈도 많은 소위 코기토 명제를 발견한다. 그것이 발견인지 발명인지를 논하는 것은 우리의 길에서 지나쳐가자.(설사 그것이 발명이라고 해도 위대한 발명은 다른 세계를 창조하기도 하는 법, 그 둘의 경계라도 따지자면 다른 길로 들어서야 한다.)

"*Cogito ergo sum.* 나는 생각하고 있다. 고로 나는 존재한다."

이 어둠의 세상에 나, '나라는 존재가 있음'에 대한 의식을 일상적으로 하고 살기는 힘들다. 하루하루 밥 먹고, 걷고, 뛰고, 일하고, 잠자는 나 자신을 우리는 느낀다. 각기 다양한 일상들이 나 자신의 삶을 이루며 펼쳐진다. 그러다 때론 바로 그 모습에 실망하기도 하고 괴로워하기도 하며, 때론 그런저런 모습으로 그저 살아 있음에 감사하기도 한다. 그렇게 우리는 우리가 의식하건 의식하지 않건, 나 자신으로 살아 있다.(물론, 진짜 나 자신으로 살아 있는가에 대한 질문도 중요하다. 그러나 여기서 데카르트의 사유가 산책하는 길을 따라 '있다'에 방점을 찍자.) 범부(凡夫)라면 그저 살아 있음의 느낌에 만족하면서 살아갈 테지만, 데카르트가 누군가. 의심, 회의, 질문과 물음을 던지면서 스스로를 완전한 어둠속에 빠뜨렸던 사람이 아니던가. 그는 스스로 질문을 던짐으로써 기존의 무대장치 위에서 퇴장했다. 이제 새로운 무대를 만들어야 한다. 그는 회의로 인해 적극적인 어둠속으로 기어들 수 있었다. 그리고 또 한 번 물음이 그를 어둠으로부터 구원한다.

물음, 그것은 '왜, 어떻게, 언제, 어디서, 무엇을' 따위를 묻는다. 내가 존재한다면 그것은 어떤 토대 위에서 존재하는가. 무엇이 나의 존재를 정당화하는 가능 근거가 될 수 있는가. 범부라면 마땅히 트라키아의 하녀가 웅덩이에 나자빠진 탈레스를 보고 비웃듯이 데카르트를 꼬집으면서 나무라겠지만, 그는 당연스럽게 느껴온 자신의 존재에 대해 질문을 던진다. 그 이전의 시대야 신의 말씀으로 견고하게 지탱되고 있었으니 신께 여쭤보면 될 테고, 신은 곧바로 "내가 있음으로 해서 네가 창조되었고 그리하여 네가 있으니라"라고 즉각 대답해 주었으리라. 그러나 앞서 그가 제기한 물음의 결과, 신의 말씀도 무작정 믿을 수 없다. 그는 범부들이 감히 범접하지 못하는 질문을 한 것이 아니라 범부들이 보기에 쓸 데 없는 의심을 품고 물음을 던진 셈이다.

3-2. 왜 나인가?

데카르트는 "내가 존재함은 어디에 가능 근거를 두고 있는가?"라는 질문에 사실은 어느 정도 예정된 '의심하고 생각하는 나'라는 대답을 내놓는다. 그도 그럴 것이 어떤 것도 믿을 수 없었고, 그 어떤 것도 믿을 수 없다는 사실 또한 회의의 결과로서 그가 걸어갈 수 있었던 길이었다. 따라서 철저한 회의의 끝에 나올 수 있는 대답이란 줄곧 제 자신의 진짜 세계를 찾아 나선 모험의 길에 동행했던 '무엇'일 수밖에 없다. 모든 것을 지우고 어둠속으로 기어들면서도 여전히 남는 것은 지우는 그 자신, 기어드는 그 자신이다. 데카르트의 모험 길에서 그 자신이란 철저한 회의다. 따라서 만약 이마저 회의의 대상이 된다면 데카르트에게 남는 것은 아무것도 없다. 제 자신으로서 남는 것이 없다면, 철저한 어둠이고 이 어둠의 세계에 구원을 바랄 수조차 없다. 아무것도 존재하지 않는, 설사 존재한다고 해도 하나같이 뒤엉켜 명석판명하게 분별할 수도 없는 카오스의 바다 덩어리에서 데카르트 아니라 그 누구라도 인간이라면 살아갈 수 없다.

4. 확고한 토대 위에서 이제 세계로

4-1. 무엇을 믿을 것인가?

그것이 확실하다고 믿지 않을 수 없는 최후의 근거는 믿음을 찾아 나서는 나, 바로 회의하고 물음을 던지는 나다.

데카르트는 여기서 멈추지 않는다. 회의하는 나 하나를 찾자고 그 위험한 어둠속으로 기어들어간 것이 아니다. 확고한 주춧돌을 놓았으니 이제 무대를 새롭게 만들어야 한다. 세계를 다시 제대로 된 토대 위에 놓아야 한다. 토대가 생겼으니 필요한 것은 방법이다. 생각하는 나가 토대가 되었으니 방법이 여기서 멀어질 수는 없다. 생각하는 나의 토대 위에서 그것이 산출하는 정교한 방법만이 신뢰할 수 있는 것이다. 데카르트는 여기서 생각하는 나의 이름을 이성이라고 부른다. 이성은 데카르트가 그의 회의에서 보여주듯이 이것과 저것을 분별하는 능력이다. "이것은 저것이 아니고 (모순율 A≠~A), 이것은 이것이다(동일율 A=A)"를 명석판명하게 지시할 수 있는 방법이란 수학이다. 이렇게 보면, 데카르트가 수학에 전적인 신뢰를 보낸 것은 비단 당시의 수학이 발휘한 엄청난 위력 때문만은 아니다. 수학은 이성의 논리를 가장 명석판명하게 표현하고 있기 때문이다. 몇 가지 확고한 공리로부터 출발해 엄청나게 다양한 존재자들을 무모순적으로 풀이해내며, 언제나 확실한 답을 가져다주는 수학은 데카르트가 그토록 찾아 헤매던 명석판명한 세계의 모습과 닮았다. 진짜 세계의 모습을 과연 수학이 표현해낼 수 있을까, 라는 질문은 살짝 미뤄두자. 오늘날 수학에서 중요한 수로 등장한 복소수의 존재를 수가 아니라고 내친 것도 그의 수학에 대한 오해의 한 단면을 보여주는 것이라는 회의를 제기할 수 있겠지만, 결과적으로 그가 그토록 간절히 욕망하던 견고한 세계 구축에는 성공한 셈이다.

4-2. 신과 세계의 정당화

데카르트는 자기 자신의 확고한 토대뿐만 아니라 세계를 이해할 수 있는 방법도 터득했다. 이제 남은 것은 불확실한 채로 남아 있는 세계에 진리의 빛을 던지는 일이다. 데카르트는 세계를 검토해 나간다. 그러나 어쩌면 데카르트가 이성의 횃불을 밝히며 찾아 나선 세계는 이미 이성의 횃불에 의해 '빛나도록 되어 있는' 세계가 아니던가. 아니나 다를까, 데카르트가 바라본 세계란 기하학적 규칙이 정밀하게 적용된 기계적 세계다. 그러므로 수학을 적용해서 세계를 탐구하면 세계의 참모습인 정답을 구하는 일이 언제나 가능해졌다. 단, 그것들이 불확실성을 유발하는 개별의지를 갖지 않을 때만. 따라서 세계는 의지적으로 어떠한 차이도 발생시킬 수 없는 투명한 것이어야만 한다. 이것이 데카르트가 포착한 시계처럼 돌아가는 세계다. 방정식의 각 요소(수)는 아무런 의지도 없이 수식에서 각자의 위치를 점하고 있다. 그것들은 쪼개지거나 합해질 수도 있고, 아무리 복잡하게 얽혀 있더라도 분해가 가능하다. 물리적 세계에서 시계도 마찬가지다. 시계의 각 부품들은 아무런 의지를 지니지 않고 공간만을 차지(延長)하면서 돌아간다. 예를 들어, 숫자 2와 3은 그 자체로 투명하며 각자 양을 지니고 있을 뿐이다. 그러나 그것들이 어떤 식으로 관계하느냐에 따라 다양한 차이가 산출된다.(2-3=-1, 2+3=5, 2×3=6, 2÷3=2/3) 언뜻 보기에 결과는 차이로 인식되지만, 수학의 규칙에 따라 분석해 보면 2와 3의 관계 맺음에 따라 달리 나타났을 뿐이다. 시계 부품들도 마찬가지다. 제 스스로는 어떤 것과도 관계할 수 없고, 어떤 변화도 이뤄낼 수 없지만, 다른 것들과 관계 맺게 하는 방식에 따라 전혀 다른 수로 변화한다. 당연히 회의와 물음의 대가가 여기서 멈출 리 없다. 수식을 관계 맺게 하는 것은 이성이다. 만약 이 세계가 수학적 세계라면 수식의 창조자가 있어야 한다. 이 세계의 수식을 인간이 만들 수는 없다. 거기다 데카르트는 아직 학생이다. 수식을 풀어야 하는 존재지 수식을 내놓고 풀게 하는 존재가 아니다. 수학 문제를 출제한 선생님이 문제를 풀어야 하는 학생보다 먼저 답을 알고 있는 것처럼 수식의 창조자는 적어도 인간보다는 위대해야 하리라. 그것이 신이다. 모든 답을 알고 있는 존재, 수식을 창조한 존재.

4-3. 신의 부활, 왜?

데카르트는 회의의 긴 여정을 신에 대한 믿음의 재확

인으로 끝맺는다. '회의하는 나'가 토대가 되어 이 세계가 수학의 규칙에 의거해서 움직인다는 사실을 전제로 '수학의 방법'을 통해 '세계'의 존재 방식을 확인하고, 나아가 그러한 세계의 존재 방식에 꼭 필요한 '신'을 마주할 수 있게 된다. 그러나 신은 단지 세계의 존재를 정당화하는 전제 조건만은 아니다. 데카르트가 회의의 대가인 것은 이성적 사유 방식의 정당성에 대해서도 질문을 던지기 때문이다. 만약 이성적 사유 자체가 정당한 것이 아니라면, 그것의 구체적인 방법인 수학도, 수학을 사용해서 규명한 세계도 참모습에서 멀어질 수밖에 없다. 여기서 데카르트는 처음 화롯불 곁에서 회의의 시선으로 대결하던 신에 의지한다. 신의 피조물로서, 그리고 유일하게 신의 숨결을 콧속으로 품게 된 인간의 회의와 사유는 정당하다. 사유가 불완전한 존재로서의 학생은 선생이 열어놓은 길을 따라갈 때 진리를 발견할 수 있다는 희망을 품게 된다. 만약 가르침을 받을 때 선생이 자신보다 더 불완전하고 그가 제시한 방법이 자신을 오답으로 이끈다면 누가 수업을 듣겠는가. 불완전한 학생으로서는 선생을 믿을 수밖에 없다. 데카르트도 자신이 사용하는 이성이 정당하다는 것을 보증해 주는 존재가 있어야 한다. 그 존재가 바로 신이다. 이때 신은 무한한 이성이다. 무한한 이성이 그 자신의 일부로 우리를 창조했으므로, 선생이 그 자신의 일부를 가르침으로 내놓는 것과 마찬가지로 우리가 그것을 따를 때 세계의 비밀을 풀 수 있으며, 나아가 '나'라는 존재의 정수인 이성적 사유 또한 정당화될 수 있다. (여기에는 철저히 위계의 관념이 내재해 있지만) 그의 의심은 이로써 끝없는 방황을 마무리할 수 있게 된다. 그러나 나로부터 출발해 이 세계로, 그리고 이 세계의 창조자인 신에게로 이르고, 그 신이 다시 나에게로 연결되는 그의 논거는 순환논거의 혐의를 벗기 어렵다.

데카르트의 이러한 결론은 이후 이성중심주의가 탄생하는 중요한 계기로 이해되고 있다.

"나는 생각하고 있다. 고로 나는 존재한다"는 이 짧은 문장은 그 후 근대의 사유를 전개시키는 데 결정적인 주춧돌이 되었으니 데카르트는 그의 목적을 어느 정도 이룬 셈이다. 이제 모든 것은 이성의 심판대 위에서 이성의 방법에 따라 회의의 대상으로서 놓여진다. 데카르트가 놓은 이러한 비판의 심판대는 그 자신이 재확인한 신의 존재와 완전성마저도 이성에 의한 '재확인'이었다는 점에서 예외가 아니다. 이제 이 세계를 밝게 비추는 태양 주위를 나는, 인간은 서성거릴 필요가 없다. 중세의 태양은 서서히 저물어가고 새로운 태양이 세계를 밝게 비춰줄 것이며, 인간은 태양이 비춰주는 사물들의 밝음에 머무르기만 하는 것이 아니라 태양의 위치에 서서 세계를 밝게 비출 수 있는 존재가 되었다.

Ⅲ. 다시, 우리의 세계에 묻는다

데카르트가 전개한 논리와 그의 위대한 회의가 가져온 문제들의 수많은 한계에도 불구하고 열정만큼은 박수를 받아 마땅하다. 또한 철저한 이성의 논리가 마지막에 가서 그 초석으로 믿음의 논리를 다시 요청했다는 사실에 주목하자. 데카르트의 확신대로 무한한 이성, 그리고 무한한 이성의 능력이란 다름 아닌 믿음의 영역이며, 그 믿음의 논리 없이 우리는 이성을 사용할 어떤 근본적인 정당성도 확보할 수 없다. '얼굴을 가린 신부'의 면사포를 벗겨줄 것은 신부와 나 사이를 넘나들며 주재하는 신의 능력일 뿐이다. 세계를 이해하고 구성하고 창조하고픈 인간의 간절한 외침은 신 앞에서의 기도를 통해서만 이루어질 수밖에 없고, 그것이 인간의 운명이다. 요컨대, 가장 철저한 이성적 사유를 내걸었던 데카르트는 인간적인, 그리고 지극히 신실한 믿음을 향한 길을 걸었던 셈이다.

1. 데카르트와 닮은 불신의 시대에서

1-1. 불신의 시대를 산 두 사람, 홉스와 데카르트

불신의 시대, 우리가 믿을 수 있는 것은 나 자신뿐이

다. 타인을 믿지 못할수록 나에게로 되돌아올 수밖에 없는 것이다. 홉스적 자연 상태의 인간이 타인과 세계에 대한 어떤 믿음도 불가능할 때, 자신에게 의지할 수밖에 없음은 당연한 귀결이다. 자기 밖의 타자와 세계에 대한 믿음이 사라질 때, 역설적으로 인간은 자기 자신에 대한 믿음으로 되돌아올 수밖에 없는 것이다. 인간은 절대적 불신과 절대적 불확실성 안에 머무를 수 없기 때문에 세계의 어둠은 내 안의 빛에 대한 절대적 신뢰로 이어진다. 그렇게 어둠속에서 두 사람은 자기에게로 되돌아온다. 물론, 그 되돌아옴이 똑같은 양상은 아니다. 홉스적 인간은 되돌아와 타자와 세계에 대한 부정 안에 숨고, 데카르트적 인간은 나아가기 위해 되돌아와 세계와 타자에 대한 긍정의 토대가 된 '성찰'을 일구어냈다. 그러한 부정성 안에서 홉스적 인간은 자기 자신의 자유(자기 자신에 의거해 판단하고 행위할 자유)가 공동체 내에서 언제든지 박탈당할 수 있음을 확인하고 불안과 공포의 어둠속에 빠진다. 그런데 그러한 불안과 공포의 딜레마라는 결과가 데카르트적 인간에게는 환희로 나타남에 주목하자. 결국, 인간은 자기에 대한 믿음만으로는 살아갈 수 없다. 그 믿음이 자기가 살아갈 세계에 대한 믿음과 연결될 때, 비로소 무대 위에서 생생한 삶을 살아갈 수 있는 것이다. 데카르트가 끝내 "믿습니다!"라고 외칠 수밖에 없었던 신을 우리는 다시 이렇게 마주할 수 있다. 반면, 홉스는 철저한 무신론으로 일관하기 때문에 신에게 손을 내밀 여지도 없다. 그러나 불안과 공포, 더구나 죽음에 대한 공포를 이기지 않고서는 살 수 없다. 홉스는 그 답을 힘의 논리에서 찾는다. 믿을 것은 힘밖에 없다는 것. 요컨대, 홉스의 이성은 힘이라는 신으로 귀의하고, 데카르트의 이성은 제 자신의 절대성의 이름인 신에게로 귀의한다.

1-2. 불신의 시대, 포스트모던

오늘의 시대도 불신의 시대다. 포스트모던은 데카르트의 '모던한' 믿음마저 무너뜨렸다. 그러나 아직 새로운 믿음은 오지 않았다. 재미있는 것은 포스트모던이 무너뜨린 데카르트적 신의 자리에 홉스적 신이 더욱 강력하게 자리 잡았다는 사실이다. 오늘날 힘은 자본으로부터 나온다. 자본, 화폐에 대한 믿음은 데카르트적 회의보다도 강력하다. 그도 그럴 것이 스스로를 어둠속으로 기어들게 하는 오두막의 작은 화롯불 곁에서 적극적 고독을 통해 얻은 믿음보다 전쟁터에서 불안과 공포를 통해 얻게 된 믿음이 강력한 것은 어쩌면 당연지사다. 그러나 홉스가 그토록 바랐던 불신의 시대는 끝나지 않았다. 강력한 힘에 의해 신약(信約)이 행해지리라는 기대는 지극히 불확실한 믿음이다. 강력한 자본의 영향력 아래에서, 그것이 제약하는 제도와 계약들 아래에서 사람들은 불안하기만 하다. 문제는 그러한 불안의 딜레마가 홉스가 희망했던 것처럼 힘으로는 해결될 수 없다는 것을 포스트모던 시대는 보여주고 있지 않는가.

데카르트와 소크라테스의 불신이 믿음과 더불어 긍정되는 나로 귀결되었다면, 이 강고한 믿음의 시대는 믿음이 불신과 부정되는 나로 귀결된다. 사람들은 왜 불신하는가? 사람들은 이해, 화폐, 자본이라는 믿음을 위해 서로를 불신한다. 삶의 가장 중요한 요소로 하나의 목표에 대한 믿음이 들어앉은 세계, 그것이 현대인들의 세계인 것은 아이러니다. 오히려 현대는 불신의 시대가 아니라 믿음의 시대이며, 그 어떤 시대보다도 현실 깊숙이 일상을 지배하는 자본의 빛 아래 밝은 세계다. 뿐만 아니라, 자본의 거대한 힘은 진짜 나를 찾아 나서는 적극적 의심들로 나 아닌 것들을 버려나가는 여행이 아니라 자본친화적인 나를 위해 진짜 나를 버려나가는 일상을 살게 한다. 이 모든 것이 자본의 위대한 힘이라고 자조해야만 하는가.

아니다. 어둠을 더욱 어둡게 보는 야맹증 환자들만 위험한 것이 아니다. 어둠을 밝음으로 보는 사람들도 위험하다. 그 어둠속에서 살아남는 방법은 힘이 있는 존재에게 기대거나, 아니면 자기 자신이 힘을 갖는 것이다. 그러나 모두 군주가 될 수는 없다. 모두 자본가가 될 수는 없다. 모두가 능력남, 능력녀가 될 수도 없다. 잠의 어둠속에서 꿈은 환상으로 드러난다. 어두운 밝음은 그렇게 환상들을 통해 어둠을 덮는다. 누가 이 환상을 깨기 위해 조그만 오두막에 들어앉는 고독을 맞볼 것인가. 누가 저잣거리에 나가 젊은이들을 선동하고 공동체의 신을 모독할 것인가. 누가 이 밝은 믿음의 시대, 그 어떤 어둠의 시대보다도 야맹증 환자들이 득실대는 세계에 적극적 의심을 던질 것인가!

실전 연습문제

〈2008 대입 고려대 논술(인문계) 정시모집〉

아래의 제시문을 읽고 논제에 답하시오.

(1)

　　소규모의 대면 사회에서 '두터운 신뢰'는 게마인샤프트 또는 기계적 연대의 필수적인 요소이다. 이러한 연대는 흔히 동일한 부족, 동일한 계급 혹은 동일한 인종적 배경을 가진 사람들 사이에서 발생하는 집약적이고 일상적인 접촉에 의해 형성된다. 일반적으로 이러한 종류의 공동체는 동질적이고 고립되어 있고 배타적이면서, 두터운 신뢰를 강화하는 데 필요한 엄격한 사회적 제재를 구성원들에게 가할 수 있다. 고전적인 사례로는 부족사회를 들 수 있지만, 현대사회에서는 농촌이나 외딴섬에서 이와 유사한 공동체를 발견할 수 있다.

　　두터운 신뢰는 소규모 신앙 공동체, 소수민족 공동체, 교회, 게토와 같은 독립적 공동체 안에서 발견되기도 한다. 이런 폐쇄적 공동체는 안으로는 두터운 신뢰를 형성하지만 공동체 밖의 사회를 신뢰하지 않는 경향이 있다. 더 제한된 범위 내에서 볼 때, 두터운 신뢰는 편부모 가정 모임, 피

학대 아내 모임, 장애자 모임과 같은 소집단 내에서 긴밀한 상호 작용을 통해 형성된다. 자발적 대안 공동체와 신사회 운동조직 또한 약한 형태이긴 하지만 두터운 신뢰를 보여주고 있다.

일차적 관계 속에서 발견되는 두터운 신뢰는 직접적인 정치 참여를 포함하는 단순한 형태의 일차적 민주주의의 근간이 될 수 있다. 현대 사회에서 이런 형태의 민주주의적 참여는 뉴잉글랜드 지방의 마을회의나 소규모의 대안 공동체 등 소수의 예외적인 경우를 제외하고는 거의 찾아볼 수 없다. 일차적 민주주의는 현대 국가의 전국적 정치 차원에서는 작동될 수 없다.

현대 사회는 '얇은 신뢰'에 기반하고 있다. 얇은 신뢰는 정해진 형태를 갖지 않고 느슨한 이차적 관계로 형성된 게젤샤프트 또는 유기적 연대와 짝지어질 수 있다. 특히 중요한 것은 서로 중첩되고 맞물려 있는 자발적 결사의 연결망이다. 얇은 신뢰는 약한 연대의 산물로서 현대의 대규모 사회가 통합을 이룰 수 있게 하는 강력하고도 지속적인 토대를 제공한다. 토크빌에 따르면, 자발적인 공식 조직 내에서의 상호 작용은 시민들 속에서 민주적 규범을 발생시키는 데 필수적이다. 그 조직을 통해 시민들은 신뢰, 절제, 타협, 호혜성과 같은 시민적 덕목을 교육받으며, 민주적 토론과 조직 운영의 기술을 훈련받는다. 이러한 현상을 내부효

과라 부를 수 있다. 그러나 동시에 이에 따르는 외부효과도 존재한다. 중첩되는 다수의 집단들은 전체 사회의 내부 분파들을 연결해 주는 교차적 연대를 형성하고 서로 다른 이해관계 사이에 다원적인 경쟁을 유발한다.

개인적 차원의 두터운 신뢰와 비개인적 차원의 얇은 신뢰가 구분될 수 있다면, 우리는 한 걸음 더 나아가 '추상적 신뢰'와 그에 기초한 '상상적', '공감적' 혹은 '성찰적' 공동체에 대해 말할 수 있다. 신뢰는 개인적인 것에서부터 추상적인 것에 이르기까지 그 스펙트럼이 매우 넓다. 현대 사회에서는 좀더 추상적인 형태의 신뢰가 그 중요성을 더해 가는 경향이 있다. 이는 사회의 증대된 규모, 비개인적인 특성, 복잡성, 파편화, 그리고 빠른 변화로 인해서 개인적 또는 비개인적 형태의 신뢰 어느 한쪽에만 의존하기가 점점 어려워지기 때문이다. 추상적 신뢰는 불확실성과 위험으로 가득 차 있는 현대 사회를 더 잘 관리할 수 있게 해준다.

추상적 신뢰는 일차적 사회의 개인적인 관계에 기초하여 구축되는 것도 아니며, 공식적 조직의 이차적인 관계에 기초하여 구축되는 것도 아니다. 현대 사회에서 추상적 신뢰는 교육과 대중매체라는 매우 중요한 제도를 통해 만들어질 수 있다. 교육은 시간, 장소, 명칭, 사건, 개념, 준거 등과 같은 일련의 공통된 지식을 제공해 줌으로써 서로 떨어

져 있는 개인들 사이의 사회적 상호 작용을 도와준다. 학교
는 또 협동학습 과제, 단체경기, 연극 및 음악 활동 등을 통
해서 협력의 기술을 가르친다. 뿐만 아니라 시민권, 신뢰,
공정, 평등, 보편주의, 공동의 선 등의 추상적 개념들에 대
한 이해를 발전시킨다. 오늘날 고등교육을 받은 사람들의
수가 증가하고 있는데, 일반적으로 이들은 신뢰 수준과 단
체 가입률이 높다. 논란의 여지가 있지만 대중매체 역시 추
상적 신뢰의 형성에 중요한 역할을 할 수 있다. 대중매체는
정치적 지식, 능력, 관심, 소양, 행동의 수준을 향상시켜 사
람들을 통합하고 동질화하는 데 기여할 수 있다.

　　현대 사회에 추상적 신뢰가 존재함을 보여주는 좋은
예로 영국의 시민 의식에 관한 다음과 같은 연구 결과를 들
수 있다. "오늘날 혈통과 사회화 및 거주지 등은 중요성이
감소되고 있다. 오히려 중요한 것은 문화이다. 조사 응답자
의 약 2/3는 포클랜드 사람들과 지브롤터 사람들을 '영국인'
으로 간주했다. 그러나 이들은 영국에서 출생하지도 않았고,
영국 출신의 부모에게서 태어난 것도 아니며, 더욱이 영국
에서 사회화되지도 않았고, 영국에 거주하지도 않았다. 민
족 공동체란 상상의 공동체이다."

　　이와 유사하게 유럽연합 회원국의 시민들 사이에 개인
간의 신뢰 수준이 증가하고 있다. 이러한 신뢰의 확산이 교
육, 여행, 대중매체 이용과 같은 사적 행위로 인하여 일어

나는 것인지 아니면 시민들을 유럽연합이라는 공동 정부의 우산 아래로 모으는 하향적 과정 때문에 일어나는 것인지는 분명하지 않지만, 유럽연합의 국민들이 서로 만날 일이 별로 없음에도 불구하고 다른 나라의 시민을 신뢰하는 능력을 키워가고 있음은 사실이다.

(2)

공동체의 구성원들이 보편적인 규범을 준수하여 예측 가능하고 정직하게 행동하리라는 기대로부터 신뢰는 싹튼다. 신뢰의 중요성은 공동체의 이익과 관련하여 강조될 수 있다. 구성원들이 상호 간의 신뢰를 바탕으로 협동한다면 그들 모두에게 이익이 된다는 것이다. 그러나 타인에 대한 신뢰에는 항상 어느 정도의 위험이 따르므로 사람들은 저마다의 이익을 위해 타인을 경계하고 불신하기도 한다. 신뢰는 사회가 필요로 하는 윤리적인 덕목이다. 신뢰의 반대편에 자리한 불신은 그 본질상 악덕이지만 피치 못해 선택되는 경우도 있다. 자신을 위하고 타인을 배려하는 합리적인 판단이 불신의 입장을 취하도록 하는 것이다. 믿을 수 없는 보모에게 어린 자식을 맡기려는 부모는 없다. 유엔과 같은 국제기구는 어느 나라든 그 국민의 운명이 가혹한 독재자의 수중에 떨어지는 것을 막으려 한다. 그러한 판단은 어떠한 도덕적 기준에 비추어 보더라도 정당하다. 불신은 해를 초래하기도 하지만 해를 예방하기도 한다.

대체로 불신이 만연할수록 사회적 거래 비용은 증대하고 공동의 이익을 실현할 기회는 줄어든다. 불신 사회에서 사람들이 협동하려는 시도는 바람직한 결과를 가져오지 못한다. 따라서 불신 사회에서 사람들은 협동하지 않는 반면, 적자생존의 경쟁과 제로섬적인 갈등에 몰입하게 된다. 사람들은 무익한 협동 대신 기만과 협잡, 배신 등을 통해 이익을 추구한다. 다른 모두가 나를 속이려 한다면 나도 다른 모두를 불신할 수밖에 없다. 가족의 울타리 너머로 확산되는 신뢰의 연결망이 존재하지 않으며 감시와 제재와 처벌의 위협이 사람들을 비로소 정직하게 행동하도록 한다는 것이 불신 사회의 공통된 특징이다. 그처럼 비극적인 균형 상태는 외부의 개입이 없는 한 그대로 유지된다. 불신 사회에서 타인을 신뢰하는 사람은 불행하고, 그래서 삶은 매우 암울하고 위태롭게 지탱된다. 팽배한 불신 상태에서 벗어나는 일은 개인만의 결단이 아닌 여러 사람들의 공동 행동을 통해 가능하다.

(3)
권투왕 마빈 해글러

그는 심판관을 믿지 않는다

판정승을 기대하지 않는다
심판관은 쉽게 매수되기 때문이다

그는 심판관을 믿지 않는다
판정승을 기대하지 않는다
이 점에서 무신론자 같지만

그렇지 않다 그는 벌거벗은 채
승부욕이 강하게 싸운다
이 점은 순교자와 같다

서로 좋게 승리로 이끈다면 얼마나 좋으랴
그가 뛰는 링은 종종 피범벅이다
이 점은 불란서 혁명과 같다

마빈 해글러는 세계 챔피언이다
하지만 죽음의 왕 앞에선…
이 점은 불쌍한 투우와 같다

(4)
    한국인들의 사회적 신뢰에 대해 알아보기 위해 아래와
같은 두 개의 질문을 하였다.

질문 1. 대부분의 사람들은 신뢰할 만하다고 생각하십니까?

질문 2. 사람을 고용할 때, 친구나 친척보다는 모르더라도 유능한
사람을 선택하겠습니까?

위의 질문들에 대한 응답을 바탕으로 사회적 신뢰 유
형을 〈표 1〉과 같이 나누고, 이에 따라 신뢰와 소득 간의 관
계를 〈표 2〉와 같이 정리하였다.

〈표 1〉 사회적 신뢰 유형

		질문 1	
		아니요	예
질문 2	아니요	Ⅰ(특수화된 신뢰)	Ⅱ(연고중심 신뢰)
	예	Ⅲ(능력중심 신뢰)	Ⅳ(일반화된 신뢰)

〈표 2〉 한국인의 사회적 신뢰와 소득

소득 유형	Ⅰ(%)	Ⅱ(%)	Ⅲ(%)	Ⅳ(%)	응답자 수(명)
최 하 층	16.9	11.2	50.3	21.6	366
하 층	20.1	9.3	44.9	25.7	334
중 층	16.5	9.6	39.3	34.6	260
상 층	13.6	11.3	38.5	36.6	265
최 상 층	11.7	11.3	46.6	30.4	247
전 체	16.1	10.5	44.4	29.0	1,472

Ⅰ. 제시문 (1)을 400자 내외 요약하시오.(20점)

Ⅱ. 제시문 (2)의 논지를 밝히고, 이와 대비하여 제시문 (3)을 해설
하시오.(40점)

Ⅲ. 제시문 (4)의 〈표 2〉에서 유형Ⅰ과 유형Ⅳ의 특징을 각각 설명
하고, 두 유형 간의 차이에 내포된 의미를 해석하시오. 그리고
제시문들을 참조하여 한국 사회의 불신 문제에 대한 대응 방안
을 논술하시오.(40점)

※ 유의 사항

1. 답안에 자신을 드러내는 표현을 쓰지 말 것.

2. 답안에 제목을 달지 말 것.

3. 제시문의 문장을 그대로 옮겨 쓰지 말 것.

4. 답안지에 답안과 무관한 표시를 하지 말 것.

5. 분량은 띄어쓰기를 포함하여, Ⅰ은 400자(±50자), Ⅱ와 Ⅲ은
각각 700자(±50자)가 되게 할 것.

미국에서 1억부 이상 판매된 기적의 논술가이드
클리프노트가 한국에 상륙했다!!

방대한 고전을 하루만에 독파하는 스피드
다락원 명작노트 CliffsNotes 시리즈는

▶ 미국대학위원회, 서울대, 연·고대 추천 고전을 알기 쉽게 재구성한 대한민국 대표 논술교과서입니다. ▶ 작품의 핵심내용과 사상, 역사적 배경, 심볼, 작가의 의도 등을 명확하게 정리하여 방대한 원작을 쉽고 빠르게 이해할 수 있게 해줍니다. ▶ 미국에서 리포트, 논술용으로 1억 부 이상 팔린 초베스트셀러의 명성에 비평적 사고와 논리적 글쓰기의 모델을 제시하는 〈一以貫之〉의 논술 노트를 통해 사고 능력, 읽기 능력, 쓰기 능력을 체계적으로 길러줍니다.

★ 〈一以貫之〉 논술연구모임: 대입 논술이 시작될 때부터 학원과 학교에서 논술을 가르쳐온 전문가들의 모임입니다. 현재 서울·분당·평촌·인천·광주·부산·울산 등의 유명 학원과 고등학교의 논술강의 현장에서 학생들이 '자신의 물음'과 '자신의 생각'을 갖고 '자신의 글'을 쓸 수 있도록 도와주고 있습니다.

다락원 명작노트 CliffsNotes 시리즈 50권 출간

001 걸리버 여행기 002 동물농장 003 허클베리 핀의 모험 004 호밀밭의 파수꾼 005 구약 성서

006 신약 성서 007 분노의 포도 008 빌러비드 009 이반 데니소비치의 하루 010 카라마조프 가의 형제들

011 순수의 시대 012 안나 카레니나 013 멋진 신세계 014 캉디드 015 캔터베리 이야기 016 죄와 벌

017 크루서블 018 몽테크리스토 백작 019 데이비드 코퍼필드 020 프랑켄슈타인 021 신곡

022 막대한 유산 023 햄릿 024 어둠의 심연 外 025 일리아드 026 진지함의 중요성 027 제인 에어

028 앵무새 죽이기 029 리어 왕 030 파리대왕 031 맥베스 032 보바리 부인 033 모비딕

034 오디세이 035 노인과 바다 036 오셀로 037 젊은 예술가의 초상 038 주홍 글씨 039 테스

040 월든 041 워더링 하이츠 042 레미제라블 043 오만과 편견 044 올리버 트위스트 045 돈키호테

046 1984년 047 이방인 048 율리시스 049 실낙원 050 위대한 개츠비

작가 노트 | 작가에 대해 꼭 알아야 할 배경지식이 담겨 있습니다.

작품 노트 | 작품의 개요, 전체 줄거리, 등장인물 등 작품 전반을 이해하는 데 필수적인 부분을 실어 놓았습니다.

Chapter별 정리 노트 | 각 장의 '줄거리'와 '풀어보기'가 들어 있습니다. '줄거리'에서는 원작의 내용을 명쾌하게 파악할 수 있습니다. '풀어보기'에서는 원작에 담긴 문학적 경향, 주제, 상징 등을 다루었습니다.

인물분석 노트 | 등장인물에 대한 보다 면밀한 분석이 들어 있습니다.

마무리 노트 | 작품의 주제 등 보다 넓은 시각에서 작품을 볼 수 있도록 도와줍니다.

Review | 작품 이해도를 묻는 질문 코너입니다. 다양한 질문에 답하다 보면 작품에 대한 포괄적이고 의미 있는 파악이 가능해집니다.

一以貫之 논술 노트 | 권말에는 일이관지 논술연구모임에서 작성한 해당 작품과 관련한 논술 노트가 실려 있습니다. 원작을 우리의 삶과 연계시켜 비판적 사고와 논리적 글쓰기의 방향을 제시합니다.

실전 연습문제 | 해당 작품을 바탕으로 출제 가능성이 높은 논점을 함께 숙고해 봅니다.

★ 변형 국판 ★ 각권 8,500원

영어 독해력 증강 프로그램
행복한 명작 읽기

〈행복한 명작 읽기〉는 기초가 약한 영어 초급자나 초, 중, 고 학생들이 보다 즐겁고 효과적으로 명작들을 읽으며 독해력을 키울 수 있도록 개발된 독해력 증강 프로그램입니다.

국판 | Grade 1, 2, 3 각권 **6,000**원(오디오 CD 1개 포함)
Grade 4, 5 각권 **7,000**원(오디오 CD 1개포함)
*어린왕자 **8,000**원(오디오 CD 2개 포함)
고도를 기다리며 **9,000원(오디오 CD 2개 포함)

책의 특징

1 골라 읽는 재미가 있다. 초보자를 위한 350단어 수준에서 중고급자를 위한 1,000단어 수준까지 5단계 구성.
2 단계별로 효과적인 영어 읽기 요령과 영문 고유의 참맛을 느낄 수 있는 장치가 곳곳에.
3 읽기만 해도 영어의 키가 쑥쑥 - 해석을 돕는 돼지꼬리(⌒), 영어표현 및 문법 설명, 퀴즈가 왕창.
4 체계적인 듣기 학습까지. 전문 미국 성우들의 생동감 넘치는 원음을 담은 오디오 CD 제공.

Grade 1 Beginner	**Grade 2** Elementary	**Grade 3** Pre-intermediate	**Grade 4** intermediate	**Grade 5** Upper-intermediate
350words	**450**words	**600**words	**800**words	**1000**words
1 미녀와 야수	11 이솝 이야기	21 톨스토이 단편선	31 오페라 이야기	41 센스 앤 센서빌리티
2 인어공주	12 큰 바위 얼굴	22 크리스마스 캐럴	32 오페라의 유령	42 노인과 바다
3 크리스마스 이야기	13 빨간머리 앤	23 비밀의 화원	33 어린 왕자*	43 위대한 유산
4 성냥팔이 소녀 외	14 플랜더스의 개	24 헬렌 켈러, 나의 이야기	34 돈키호테	44 셜록 홈즈 베스트
5 성경 이야기 1	15 키다리 아저씨	25 베니스의 상인	35 안네의 일기	45 포 단편선
6 신데렐라	16 성경 이야기 2	26 오즈의 마법사	36 고도를 기다리며**	46 드라큘라
7 정글북	17 피터팬	27 이상한 나라의 앨리스	37 투명인간	47 로미오와 줄리엣
8 하이디	18 행복한 왕자 외	28 로빈 후드	38 오 헨리 단편선	48 주홍글씨
9 아라비안 나이트	19 몬테크리스토 백작	29 80일 간의 세계 일주	39 레 미제라블	49 안나 카레니나
10 톰 아저씨의 오두막	20 별 | 마지막 수업	30 작은 아씨들	40 그리스 로마 신화	50 나에겐 꿈이 있습니다 –명연설문 모음

쉬운 영문을 통해 영어 독해에
대한 막연한 두려움을 없앤다
왕초보 기초다지기

실력에 맞게 효과적으로 끊어
읽으며 직독직해 훈련을 한다.
실력 굳히기

영문판 원서 도전을 위한
전 단계의 준비과정이다.
영어의 맛
제대로 느끼기